열 살에 시작하는 재미있는 철학 수업!

EBS 철학 학교 1

초판 1쇄 발행 2017년 3월 20일
초판 3쇄 발행 2021년 3월 11일

기획 EBS 미디어
글 EBS 〈스쿨랜드 철학〉 제작팀(남선숙 CP, 최수진 PD, 김명진 · 장혜진 · 임정화 작가)
글 구성 황시원
그림 이지후 · 지우
감수 이지애(이화여자대학교 철학과 부교수)

펴낸곳 (주)가나문화콘텐츠
펴낸이 김남전
편집장 유다형
편 집 이보라
디자인 정란
마케팅 정상원 · 한웅 · 정용민 · 김건우
경영관리 임종열 · 김하은

출판 등록 2002년 2월 15일 제10-2308호
주　　소 경기도 고양시 덕양구 호원길 3-2
전　　화 02-717-5494(편집부) 02-332-7755(관리부)
팩　　스 02-324-9944
홈페이지 ganapub.com

2017 © EBS, All rights reserved. / 기획 EBS MEDIA

ISBN 978-89-5736-903-6　74190
　　　 978-89-5336-905-0　(세트)

* 책값은 뒤표지에 표시되어 있습니다.
* 이 책의 내용을 재사용하려면 반드시 저작권자와 (주)가나문화콘텐츠 양측의 동의를 얻어야 합니다.
* 잘못된 책은 구입하신 서점에서 바꾸어 드립니다.
* '가나출판사'는 (주)가나문화콘텐츠의 출판 브랜드입니다.

| 사진 제공 |
118쪽 위키미디어 공용

이 도서의 국립중앙도서관 출판시도서목록(CIP)은 서지정보유통지원시스템 홈페이지(http://seoji.nl.go.kr)와 국가자료공동목록시스템(http://www.nl.go.kr/kolisnet)에서 이용하실 수 있습니다.(CIP제어번호: CIP2017006596)

· 제조자명 : 가나출판사
· 주소 및 전화번호 : 경기도 고양시 덕양구 호원길 3-2 / 02-717-5494
· 제조연월 : 2021년 3월 4일
· 제조국명 : 대한민국
· 사용연령 : 4세 이상 어린이 제품

재미있게 읽고, 신나게 토론하는 16가지 철학 이야기!

아빠가 맛없는 음식을 먹으면서도 맛있다고 말하고, 나는 거울을 볼 때마다 못생긴 것 같아 속상한데 엄마는 나에게 세상에서 제일 예쁘다고 말할 때, 우리들 마음 속에는 여러 가지 궁금증이 생깁니다.

"거짓말을 해도 된다고?"
"정말 예쁘다는 기준은 보는 사람에 따라 다른 건가?"

《EBS 철학 학교》는 이처럼 일상에서 느끼는 여러 가지 궁금증과 엉뚱한 질문들로 시작합니다.
또래 친구인 다나가 학교와 집에서 겪는 일들을 통해 우리가 꼭 생각해야 할 16가지 주제들을 담고 있지요. 다나와 어린이 독자들이 던진 질문들 가운데는 철학자들이 꽤 오랫동안 고민해 왔던 주제들도 많답니다.
남을 위해서 하는 '착한 거짓말'은 해도 되는지 하면 안 되는지, 동물을 사랑하면서 먹을 수 있을지 먹으면 안 되는지 등 나라면 어떤 선택을 할지부터 사랑, 시간, 자아 등 철학적 주제까지 다양한 내용을 담고 있지요.

여러분도 가끔 풀리지 않는 엉뚱한 질문들이 떠오를 때가 있지요? 하지만 그것은 결코 쓸데없는 질문이 아닙니다. 여러분 마음 속의 질문들을 더 깊이 생각해 나간다면 아주 새롭고 놀라운 세계가 펼쳐질 수도 있답니다. 인간은

　꼬리에 꼬리를 물고 생겨나는 수많은 물음에 답을 찾으려고 여러 가지 생각을 하면서 다양한 학문 분야를 만들고 발전시켜 왔기 때문입니다.

　철학은 우리가 품은 질문을 더 높은 차원의 생각으로 이끌어 주는 역할을 합니다. 우리가 학교와 집에서 부딪히는 여러 가지 문제들을 스스로 그리고 함께 해결해 나갈 수 있도록 지혜의 길을 열어 줍니다. 그래서 여러분이 《EBS 철학 학교》를 읽어가는 동안 아마도 평소에 갖지 않았던 새로운 질문들이 생기고, 그 물음들에 대해 가족, 친구들과 더 자주 이야기하고 싶고, 열띤 토론도 하고 싶어질 것입니다.

　《EBS 철학 학교》를 손에 든 여러분은 이제 잠깐 지나가는 방송 내용을 여유 있게 읽을 수 있고, 더 깊이 생각할 수 있습니다. 더욱이 《EBS 철학 학교》에는 스스로 생각해볼 수 있는 질문들과 친구들과 함께 토론할 수 있는 내용들이 많이 있어서, 여러분을 한 걸음 더 '철학하는 세계'로 이끌어 줄 것입니다.
　'철학하는 기쁨'으로 하루하루를 활기차게 살아가는 친구들이 되길 바랍니다.

지혜를 사랑하는 철학 선생님
이화여자대학교 철학과 부교수 **이지애**

이 책의 구성
《EBS 철학 학교》 이렇게 구성되었어요!

다나가 학교와 집에서 느끼는 여러 가지 궁금증과 질문을 재미있는 만화로 만나요!

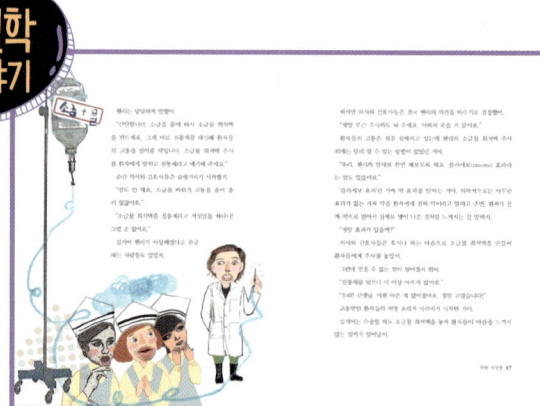

세상에서 가장 재미있는 괴짜 철학자! 속울렁테스가 동화와 실제로 있었던 일, 여러 가지 실험과 연구 결과 등 다양한 이야기를 들려줘요.

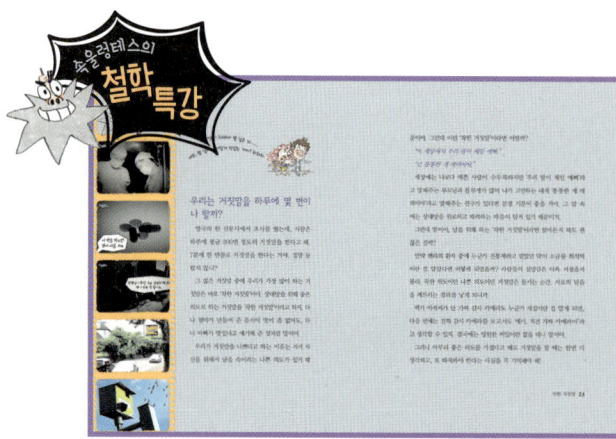

우리가 꼭 생각해야 할 철학 주제들을 속울렁테스가 좀 더 쉽고 재미있게 설명해 준답니다.

속울렁테스의 철학 이야기와 철학 특강을 들으면서 나의 생각이 정리가 되었나요? 내가 내린 결정과 나의 생각은 뭔지 차근차근 써 보세요.

다나가 속울렁테스의 이야기를 듣고 어떻게 달라졌을지 궁금하다고요? 다나의 뒷이야기를 만화로 만나보세요.

EBS 〈스쿨랜드 철학〉으로 연결되는 QR코드랍니다. 스마트폰으로 QR코드를 찍어서 EBS에서 방송되고 있는 해당 영상도 함께 보세요.

추천하는 글 · 4
이 책의 구성 · 6

착한 거짓말
거짓말을 해도 된다고?
다나의 일기 아빠가 거짓말을 한 날 · 12
속울렁테스의 철학 이야기 세상에 도움을 준 거짓말들 · 14
속울렁테스의 철학 특강 · 22   **나의 선택은?** · 24   **비하인드 스토리** · 26

생명
동물을 사랑하면서 먹을 수 있을까?
다나의 일기 미니돼지를 만난 날 · 28
속울렁테스의 철학 이야기 동물을 대하는 서로 다른 태도 · 30
속울렁테스의 철학 특강 · 40   **나의 선택은?** · 42   **비하인드 스토리** · 44

다수와 소수
한 명인 내가 희생해야 된다고?
다나의 일기 친구들이 자리를 양보하라고 한 날 · 46
속울렁테스의 철학 이야기 다섯 명의 생명과 한 명의 생명에 대한 선택 · 48
속울렁테스의 철학 특강 · 56   **나의 선택은?** · 58   **비하인드 스토리** · 60

유행
유행을 따르는 게 어때서?
다나의 일기 유행하는 운동화가 갖고 싶은 날 · 62
속울렁테스의 철학 이야기 유행에 관한 두 시대의 이야기 · 64
속울렁테스의 철학 특강 · 70   **나의 선택은?** · 72   **비하인드 스토리** · 74

돈과 행복
돈으로 행복을 살 수 있다고?
다나의 일기 용돈이 부족해서 속상한 날 • 76
속울렁테스의 철학 이야기 부자 소녀와 가난한 소년에 관한 두 이야기 • 78
속울렁테스의 철학 특강 • 86   **나의 선택은?** • 88   **비하인드 스토리** • 90

동기와 결과
좋은 동기와 좋은 결과, 뭐가 더 중요할까?
다나의 일기 물고기를 돌보려다 어항을 깨트린 날 • 92
속울렁테스의 철학 이야기 위대한 두 발명의 엇갈린 운명 • 94
속울렁테스의 철학 특강 • 102   **나의 선택은?** • 104   **비하인드 스토리** • 106

공유와 소유
공짜로 음악을 듣는 게 어때서?
다나의 일기 노래를 공짜로 다운로드 받은 날 • 108
속울렁테스의 철학 이야기 특허를 갖게 된 사람들과 나눈 사람들 • 110
속울렁테스의 철학 특강 • 118   **나의 선택은?** • 120   **비하인드 스토리** • 122

환경과 개발
돌아가는 게 더 빠를 수 있다고?
다나의 일기 빨리 가기 위해 잔디밭을 가로질러 간 날 • 124
속울렁테스의 철학 이야기 환경을 둘러싼 두 가지 시선 • 126
속울렁테스의 철학 특강 • 134   **나의 선택은?** • 136   **비하인드 스토리** • 138

착한 거짓말

EBS 스쿨랜드
〈선의의 거짓말은 괜찮을까〉

거짓말을 해도 된다고?

우리 아빠는 거짓말쟁이에요.

엄마가 만든 맛없는 음식을 맛있다고 거짓말을 했거든요.

그런데 아빠는 엄마를 위해 '착한 거짓말'을 한 거래요.

착한 거짓말? 그래도 거짓말은 거짓말이잖아요.

남을 위한 거라면, 거짓말을 해도 괜찮은 건가요?

아빠가 거짓말을 한 날

엄마가 새로운 요리에 도전한 날!
사실 우리 엄마의 요리 솜씨는 별로라 걱정이 됐어.

아빠, 어떻게 좀 해 봐요.

여보, 힘들게 만들지 말고 그냥 시켜 먹어도 되는데……

쨔잔~
엄마표 스파게티 완성! 어서들 먹어.

윽!

엄마가 해준 스파게티는 역시나 맵고, 달고, 짜고…….
이상한 맛이 났어.

하하하 여보, 그러니까 뭘 넣어서 이렇게 맛있는 거야?

엄마! 도대체 뭘 넣은 거……

호호호~

호호호~ 그렇게 맛있어? 집밥 박선생 비법을 내가 좀 창의적으로 바꿔봤지.

세상에! 아빠가 거짓말을……!
맛없는 음식을 엄청 맛있다고 아무렇지 않게 얘기를 하시는 거야.

아빠는 거짓말쟁이!

소크라테스의 철학 이야기! 세상에 도움을 준 거짓말들

환자를 살린 가짜 진통제

"좋은 방법이 없을까?"

미국인 의사 헨리 비처는 큰 고민에 빠졌어. 환자들에게 쓸 중요한 약과 진통제가 많이 부족했거든.

"수술받은 군인들의 아픔을 덜어주려면 진통제가 꼭 필요해. 하지만 전쟁터에선 약을 구할 방법이 없으니 어쩌면 좋아."

헨리가 있는 곳은 제2차 세계대전이 한창인 전쟁터! 하루에도 수십 명의 환자가 생겨나는 곳이야. 총에 맞아 피투성이가 된 채 실려 온 사람들과 팔다리가 떨어져 나간 군인들까지……. 병원은 당장 수술을 하지 않으면 안 되는 환자들로 가득 찼어. 이 사람들을 치료하기 위해서는 진통제가 꼭 필요했지.

하지만 지원팀이 오기 전까진 약을 구할 방법이 없으니, 의사와 간호사들은 발을 동동 구를 수밖에 없었어.

"선생님, 마지막 남은 진통제마저 바닥나 버렸어요. 어쩌면 좋지요?"

진통제를 맞지 못한 환자들의 고통도 엄청났어.

"너무 아파요, 선생님! 제발 진통제 좀 주세요."

"제발 저 좀 살려주세요. 수술 좀 해 주세요!"

병원은 환자들의 비명 소리로 가득했지. 여기저기서 고통을 이기지 못해 정신을 잃는 환자들이 생겨나고, 제때 수술을 받지 못해 목숨을 잃는 환자도 있었지.

안타까운 상황을 그저 지켜보고 있어야만 했던 헨리는 깊은 고민에 빠졌어.

'진통제 없이는 도저히 수술을 할 수가 없어. 환자들이 그 고통을 이겨낼 순 없을 거야. 그렇다고 이대로 손을 놓고 있을 수도 없으니 어쩌면 좋지. 무슨 방법이 없을까?'

오랫동안 고민하던 헨리는 무언가 결심했어. 그리고 곧바로 동료 의사들과 간호사들을 불러 모았어.

"여러분, 지금부터 우리가 진통제를 대신할 약을 직접 만들 겁니다. 모두 힘을 모아주세요."

의사와 간호사들은 어리둥절했지.

"정말요? 그게 가능해요?"

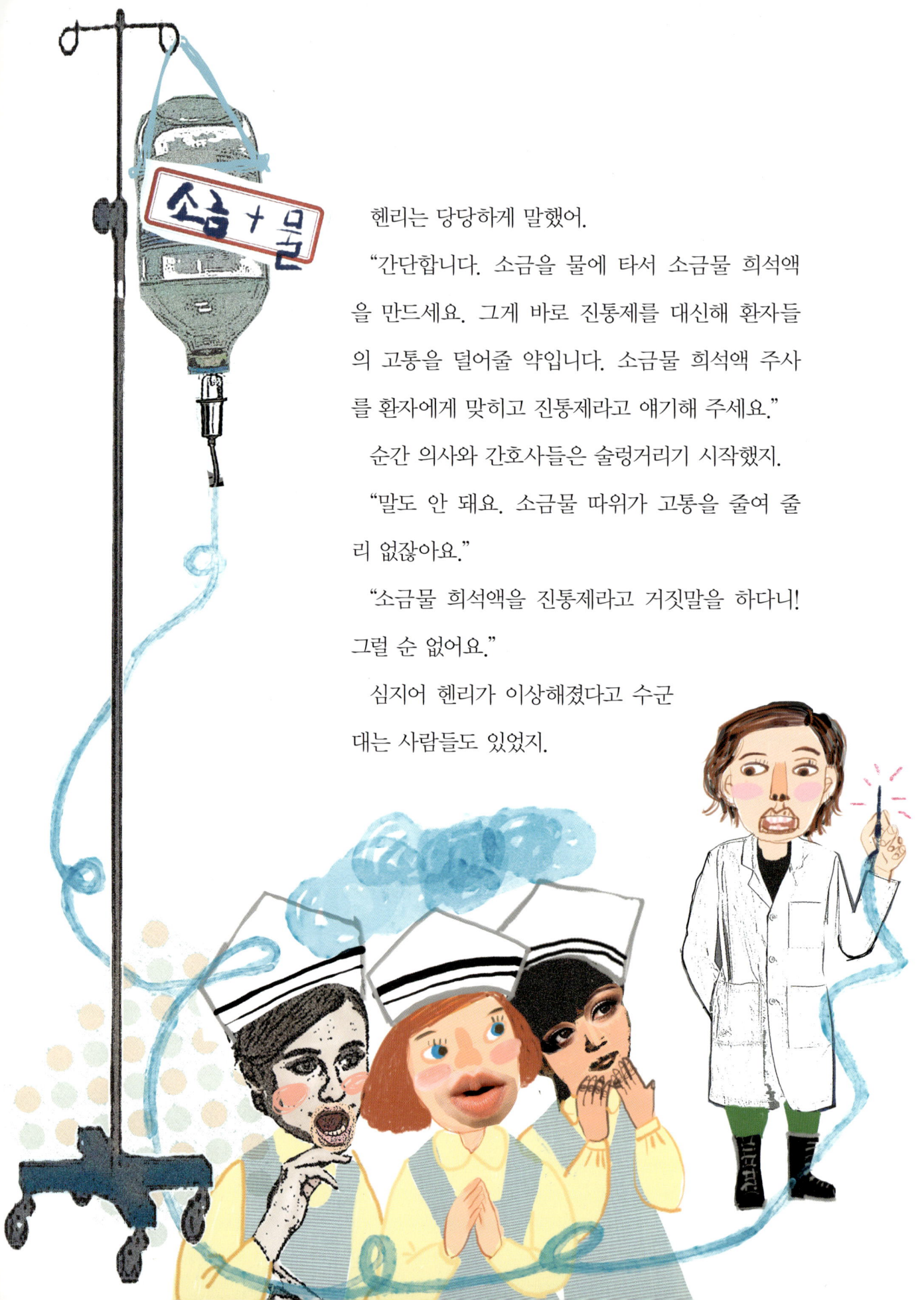

헨리는 당당하게 말했어.

"간단합니다. 소금을 물에 타서 소금물 희석액을 만드세요. 그게 바로 진통제를 대신해 환자들의 고통을 덜어줄 약입니다. 소금물 희석액 주사를 환자에게 맞히고 진통제라고 얘기해 주세요."

순간 의사와 간호사들은 술렁거리기 시작했지.

"말도 안 돼요. 소금물 따위가 고통을 줄여 줄 리 없잖아요."

"소금물 희석액을 진통제라고 거짓말을 하다니! 그럴 순 없어요."

심지어 헨리가 이상해졌다고 수군대는 사람들도 있었지.

하지만 의사와 간호사들은 결국 헨리의 의견을 따르기로 결정했어.

"제발 무슨 주사라도 놔 주세요. 아파서 죽을 거 같아요."

환자들의 고통은 점점 심해지고 있는데 헨리의 소금물 희석액 주사 외에는 달리 할 수 있는 방법이 없었던 거야.

"우리, 헨리의 말대로 한번 해보도록 해요. 플라세보(placebo) 효과라는 말도 있잖아요."

'플라세보 효과'란 가짜 약 효과를 말하는 거야. 의학적으로는 아무런 효과가 없는 가짜 약을 환자에게 진짜 약이라고 말하고 주면, 환자가 진짜 약으로 믿어서 실제로 병이 나은 것처럼 느껴지는 걸 말하지.

"정말 효과가 있을까?"

의사와 간호사들은 혹시나 하는 마음으로 소금물 희석액을 만들어 환자들에게 주사를 놓았어.

그런데 믿을 수 없는 일이 벌어졌지 뭐야.

"진통제를 맞으니 더 이상 아프지 않아요."

"우와! 선생님, 이젠 아픈 게 없어졌어요. 정말 고맙습니다!"

고통받던 환자들의 비명 소리가 사라지기 시작한 거야.

심지어는 수술할 때도 소금물 희석액을 놓자 환자들이 아픔을 느끼지 않는 일까지 일어났어.

혹시 소금물 희석액에 정말로 환자들의 아픔을 덜어줄 수 있는 성분이 있었던 걸까?

사실 소금물 희석액은 의학적으로는 전혀 효과가 없어. 하지만 환자들 모두 이 약이 자신의 아픔을 덜어줄 거라고 믿었기 때문에 기적 같은 결과를 가져왔던 거지. 진짜 진통제를 맞았다고 확신한 환자들의 믿음이 아픔조차 사라지게 한 거야.

그런데 만약 의사와 간호사들이 그때 '소금물 희석액을 진통제라고 거짓말을 할 순 없어요'라며 소금물 희석액을 만들지 않았다면 어떻게 됐을까?

아마도 많은 환자들이 아픔에 시달리며 힘든 하루하루를 보내고, 심지어 수술을 하지 못해 목숨을 잃는 일도 생겼을 거야.

결국 소금물 진통제라는 거짓말은 절박한 전쟁터에서 고통받던 환자들의 아픔을 덜어주고, 생명을 구해준 착한 거짓말이 되었던 거지.

노란색 박스의 비밀

영국 서머셋 지역의 어느 조용한 마을 길을 차량 한 대가 쌩쌩 달리고 있었어.

"이 길은 아주 한적한 걸. 보는 사람도 없고 말이야. 여기선 맘껏 속력을 내도 되겠어. 하하."

그런데 제한 속도를 무시한 채 쌩쌩 차를 몰던 운전자의 눈이 갑자기 휘둥그레졌어. 길 옆에 우거진 나무 사이로 수상하게 생긴 노란색 박스가 보였기 때문이야.

"이크! 감시 카메라잖아!"

놀란 운전자는 급히 속도를 줄였지.

다른 운전자들도 마찬가지였어. 나무 사이로 보이는 노란색 박스를 의식하며 조심스레 마을 길을 벗어났던 거야.

그런데 이런 장면을 지켜보며 미소를 짓는 사람이 있었어.

"큭큭! 내 꾀가 제대로 효과를 발휘했군."

바로 이 마을에 사는 맥기 아저씨였어. 맥기 아저씨는 마을 길에서 속도를 위반하며 마구 달리는 차량들 때문에 늘 고민이었어.

"저러다 정말 큰 사고가 나고 말 거야. 대체 차들이 왜 저렇게 쌩쌩 달리는 거지?"

이런저런 생각 끝에 맥기 아저씨는 무릎을 탁 쳤어.

"아하! 그렇지! 여기에 감시 카메라가 있다면 다들 속도를 줄일 거야."

그리고 그날 이후 이 길에는 노란색 박스가 생겨나게 되었지.

맥기 아저씨가 정말 마을 길에다 감시 카메라를 설치한 걸까?

아니야. 사실 노란색 박스는 맥기 아저씨가 새들을 위해 만든 새집이었어. 사람들이 카메라 렌즈라고 생각했던 부분은 바로 새가 드나드는 구멍이었지.

맥기 아저씨가 고민하던 끝에 생각해낸 방법은 이런 것이었어.

'옳지! 새집을 감시 카메라처럼 보이게 해서 달아둬야겠어. 그럼 감쪽같을 거야.'

마을 사람들은 모두들 감시 카메라 모양을 한 새집을 반겼어.

"세상에 이렇게 감쪽같을 수가! 새집이 생긴 뒤로는 모든 차들이 속도를 줄이잖아요. 감쪽같은 맥기의 거짓말에 모두 속은 거지요. 하하하."

맥기 아저씨의 가짜 감시 카메라의 효과는 대단했어. 노란색 박스가 생긴 뒤로 속도 위반을 하며 쌩쌩 달리던 차들이 눈에 띄게 줄어들었으니까. 그 덕분에 맥기 아저씨네 마을은 훨씬 평화롭고 안전해질 수 있었지.

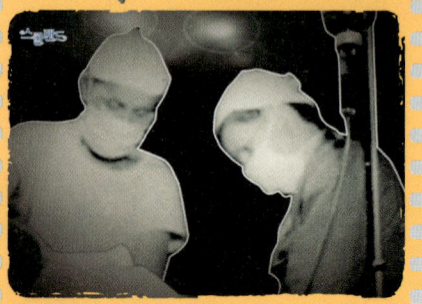

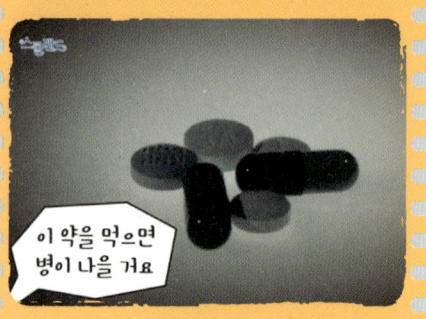

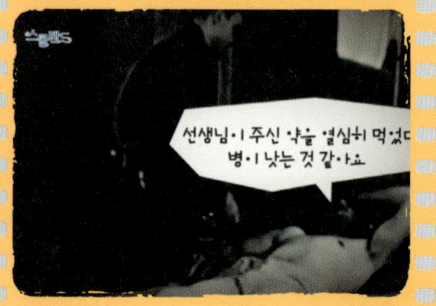

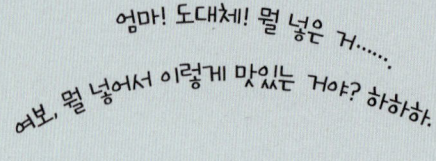

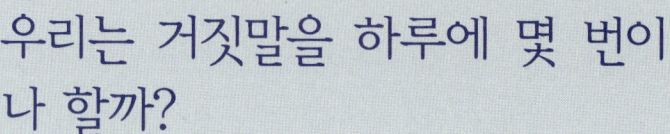

우리는 거짓말을 하루에 몇 번이나 할까?

영국의 한 신문사에서 조사를 했는데, 사람은 하루에 평균 200번 정도의 거짓말을 한다고 해. 7분에 한 번꼴로 거짓말을 한다는 거야. 정말 놀랍지 않니?

그 많은 거짓말 중에 우리가 가장 많이 하는 거짓말은 바로 '착한 거짓말'이야. 상대방을 위해 좋은 의도로 하는 거짓말을 '착한 거짓말'이라고 하지. 다나 엄마가 만들어 준 음식이 맛이 좀 없어도, 다나 아빠가 맛있다고 얘기해 준 것처럼 말이야.

우리가 거짓말을 나쁘다고 하는 이유는 자기 자신을 위해서 남을 속이려는 나쁜 의도가 있기 때문이야. 그런데 이런 '착한 거짓말'이라면 어떨까?

"이 세상에서 우리 딸이 제일 예뻐."

"넌 통통한 게 매력이야."

세상에는 나보다 예쁜 사람이 수두룩하지만 '우리 딸이 제일 예뻐'라고 말해주는 부모님과 몸무게가 많이 나가 고민하는 내게 '통통한 게 매력이야'라고 말해주는 친구가 있다면 분명 기분이 좋을 거야. 그 말 속에는 상대방을 위로하고 배려하는 마음이 담겨 있기 때문이지.

그런데 말이야, 남을 위해 하는 '착한 거짓말'이라면 얼마든지 해도 괜찮은 걸까?

만약 헨리의 환자 중에 누군가 진통제라고 믿었던 약이 소금물 희석액이란 걸 알았다면 어떻게 되었을까? 사람들의 실망감은 더욱 커졌을지 몰라. 착한 의도이던 나쁜 의도이던 거짓말은 들키는 순간, 서로의 믿음을 깨트리는 결과를 낳게 되니까.

맥기 아저씨가 단 가짜 감시 카메라도 누군가 새집이란 걸 알게 되면, 다음 번에는 진짜 감시 카메라를 보고서도 '에이, 저건 가짜 카메라야'라고 생각할 수 있지. 결국에는 영원한 비밀이란 없을 테니 말이야.

그러니 아무리 좋은 의도를 가졌다고 해도 거짓말을 할 때는 한번 더 생각하고, 또 따져봐야 한다는 사실을 꼭 기억해야 해!

 착한 거짓말, 해도 될까? 하면 안 될까?

해도 된다!

착한 거짓말은 다른 사람을 기분 좋게 해주는 말이야.
남을 위해 좋은 의도로 한 말이기 때문에
거짓말과는 달라.
그러니 착한 거짓말은 해도 된다고 생각해.

착한 거짓말은 해도 된다.

왜냐하면,

하기 때문이다.

다나와 다나 아빠의 이야기를 들어 보고,
나는 어떻게 생각하는지 적어 보자.

하면 안 된다!

착한 거짓말도 어쨌든 거짓말이야.
사실을 다르게 얘기하거나, 내가 생각한 것과
다르게 말하는 것은 남을 속이는 거잖아.
그러니 착한 거짓말이라도 하면 안 된다고 생각해.

착한 거짓말은 하면 안 된다.

왜냐하면,

                                              하기 때문이다.

"선의의 거짓말은 때에 따라 허용될 수 있다."
— 클라크 버지 (미국, 목사·생활철학자)

"그 어떤 경우에도 거짓말을 하는 것은 잘못이다."
— 임마누엘 칸트 (독일, 철학자)

비하인드 스토리

생명

EBS 스쿨랜드
〈동물을 사랑하면서 먹을 수 있을까?〉

동물을 사랑하면서 먹을 수 있을까?

사람들은 참 이상해요.

반려동물을 사랑하고 키우면서,

또 한편으론 다른 동물들을 맛있게 먹어요.

사람들이 잡아먹기 위해 공장에서 키우는 동물들도 있대요.

동물을 사랑하면서 먹어도 되는 건가요?

미니돼지를 만난 날

소크라테스의 철학 이야기! 동물을 대하는 서로 다른 태도

암컷 돼지 111번의 슬픔

"꾸울 꾸울 꾸울!"

오늘도 아침부터 농장 안이 요란했어. 도살장으로 끌려가는 친구들이 마지막 울음을 터트리고 있었거든.

"얘들아, 난 오늘이 마지막인가 봐. 잘 있어, 흑흑흑! 꾸울 꾸울 꾸울!"

끌려가는 친구들의 울음소리에 남은 우리들도 숨죽여 울음을 삼켰지.

"잘 가, 친구야! 꾸울 꾸울 꾸울!"

여기는 끔찍한 공장식 농장! 난 이 농장의 암퇘지 중 한 마리인 '111번'이야. 여기선 동물의 이름이 숫자로 정해지지.

공장식 농장이 뭐냐고? 농장에서 키워야 할 우리들을 마치 공장에서 나오는 물건처럼 키우는 곳이 바로 공장식 농장이야.

내가 있는 곳은 돼지들만 모여 있는 농장인데, 난 평생 이곳에서만 살았어.

내가 움직일 수 있는 공간은 가로세로 길이가 60센티미터밖에 안 되는 작은 우리 안이야. 난 태어나면서부터 이곳에 갇혔는데, 자라면서 몸집이 커지니까 이젠 우리 안에 끼어 꼼짝할 수도 없어.

"꾸울! 꾸울!"

답답해서 비명을 지르면, 주인은 낄낄거리며 말해.

"저렇게 움직이지 못하도록 가두어 둬야 먹는 대로 살이 찐다니까. 그래야 비싼 값에 팔 수 있지."

농장 주인에게 나는 그저 살을 찌워서 팔아먹는 살코기일 뿐인 거야. 나는 이렇게 숨을 쉬고, 움직이고, 괴로워할 줄도 아는 생명이 있는 동물인데 말이야.

나는 그동안 더 끔찍한 일도 당했어.

태어나자마자 이빨이 뽑히고 꼬리가 잘렸거든. 이것 봐, 나는 꼬리가 없어.

우리들이 갇혀 있는 곳이 워낙 비좁다 보니 다들 스트레스를 받아서 공격적이거든. 성격이 날카로워져서 때로는 서로에게 상처를 입히기도 하지. 그래서 농장 주인이 이렇게 이빨을 뽑고, 꼬리도 잘라버렸지 뭐야.

말도 마, 예전에는 새끼를 빼앗기는 일들도 많았어.

젊은 시절의 내 모습을 본 주인은 이렇게 말했지.

"이 놈은 아주 튼튼해서 새끼를 잘 놓겠어. 늙기 전에 어서 새끼를 많이 가지도록 해야겠군."

그날로 나는 새끼를 가져야 했어. 그리고는 새끼를 낳고 얼마 되지 않아 주인에게 바로 빼앗겨 버렸지. 아마 그때 빼앗긴 내 새끼도 나처럼 비좁은 공간에 갇혀 사람들의 먹이로 사라질 날만 기다리는 끔찍한 삶을 살고 있을 거야.

그 뒤로도 나는 계속해서 새끼를 낳아야 했어. 그러는 사이, 나는 나이를 먹었고 더 이상 새끼를 낳을 수 없는 몸이 되고 말았지. 그래서 이제는 인간의 먹이로 팔려갈 날만 기다리는 신세가 된 거야.

"꿀꿀! 깨액! 깨액!"

아, 이 소리는 72번 돼지의 울음소리야. 72번 돼지는 나보다 더 나이가 많은 할머니 돼지지. 72번도 새끼를 스무 마리 이상 낳았지만 제대로 젖 한번 물리지 못하고 모두 인간에게 빼앗겨 버렸대. 그 슬픔이 너무 커서 그런지 72번은 정신이 이상해져 버렸어. 그 때문에 매일 저렇게 거칠게 울부짖으며 철창을 뜯곤 하지. 하지만 그마저도 이젠 힘들 거야.

"이런 미친 돼지 같으니라고! 당장 송곳니를 뽑아 버릴 테다!"

얼마 전에 주인이 72번의 송곳니를 모두 뽑아 버렸거든. 철창조차 마음껏 뜯을 수 없게 된 72번의 울음소리는 더욱 슬프기만 해.

그래도 우린 옆 농장의 닭이나 토끼보다는 나은 건지도 몰라. 층층이 쌓은 가로세로 50센티미터의 좁은 닭장에서 일곱 여덟 마리의 암컷 닭들이 함께 사는데, 그걸 '아파트식 닭장'이라고 하지.

그런데 어느 날 밤부터 닭들의 울음소리가 끊이질 않는 거야.

"닭들에게 큰 일이 생겼나 봐! 무슨 일이지?"

닭우리와 돼지우리를 오가며 소문을 전하는 생쥐가 들려준 사연은 이랬어.

"강제 털갈이가 시작된 거야. 닭은 스트레스를 주면 더 많은 알을 낳을 수 있거든. 그래서 주인이 닭들에게 2주간 물과 사료를 주지 않고, 밤엔 잠도 못 자게 하고 있지. 그럼 닭들은 털이 쑥쑥 빠지고, 친구 닭을 물어뜯을 정도로 스트레스를 받아. 그걸 강제 털갈이라고 해."

토끼와 기니피그들은 매일 수백 마리가 약을 만드는 회사와 화장품 회사로 팔려간대. 사람을 대신해 연구와 실험용으로 쓰이기 위해서라나.

아, 이곳은 농장이 아니라 지옥인 거야. 대체 우리는 언제 이곳을 나갈 수 있는 걸까? 정말 죽어서 나가는 방법밖엔 없는 걸까?

"꾸울! 꾸울! 꾸울!"

우리들은 오늘도 고통스럽게 소리치고 있어.

"제발 우리를 도와줘! 이 지옥에서 우리를 내보내 줘! 꾸울! 꾸울! 꾸울!"

최 씨 할아버지의 친구, 누렁이

경상북도 봉화군의 산골 마을에는 최 씨 할아버지 부부와 사는 누런 소 한 마리가 있어.

누렁이는 40살 된 커다란 황소지. 보통 소는 20년 정도 사는데, 누렁이는 40년을 살았으니 정말 오래 산 거야. 누렁이가 이렇게 장수를 한 데는 그만한 이유가 있어.

여든 살의 최 씨 할아버지가 누렁이를 아끼는 마음과 정성이 보통이 아니었거든.

"누렁아, 너하고 내가 함께 밭을 갈며 농사를 지어온 지도 어느새 30년이 되었구나. 우린 30년지기 친구인 거야! 허허허!"

친구처럼 여겨주는 할아버지와 할머니가 있으니 누렁이는 늘 마음이 편하고 행복했지.

밭도 열심히 갈고, 할아버지가 주는 여물도 넙죽넙죽 잘 챙겨 먹었어.

그러던 어느 봄날, 할아버지는 청천벽력 같은 소리를 듣고 말았어.

누렁이가 평소와 달리 힘겨운 모습으로 시름시름 앓기 시작했거든. 동물병원에 갔더니 누렁이를 진찰한 수의사가 이렇게 말하는 거야.

"누렁이가 이제 수명을 다한 것 같아요. 40년을 살았으니 오래 산 거죠. 곧 눈을 감을 것 같으니, 마음의 준비를 하세요."

할아버지는 눈앞이 아득했지. 자식처럼 키웠고, 친구 삼아 함께 살았던 소를 잃게 됐으니 그 슬픔이 얼마나 컸을까.

할아버지는 처음 누렁이를 만났던 날부터 기억을 더듬어 보았어.

'누렁이는 농사를 짓기 위해 키운 가축이었지. 매일 아침부터 나와 같이 밭을 갈았어.'

누렁이는 매일 밭일과 논일을 하며 할아버지와 함께 나이를 먹었지.

다리가 불편한 할아버지를 매일 달구지에 태워서 끌어준 것도 누렁이었고, 도시로 나간 자식들이 그리워질 때마다 옆에 있어준 것도 누렁이었어. 할아버지와 누렁이는 친구이자 가족이었던 거야. 무뚝뚝한 할아버지이지만 누렁이에 대한 마음만은 남달랐지.

할아버지는 평소 귀가 잘 안 들렸는데도, 누렁이 목에 찬 워낭 소리만은 기가 막히게 잘 들었어. 워낭 소리만 나면 서둘러 일어나서 누렁이를 살펴주셨지. 불편한 다리를 끌면서도 할아버지는 매일 누렁이에게 먹일 풀은 직접 산에 올라 베어 왔어. 누렁이와 일하는 논에는 누렁이 몸에 나쁘단 이유로 농약도 치지 않았지. 물론 소고기는 입에도 대지 않았고 말이야.

그런 할아버지의 사랑에 답하듯 누렁이도 병석에 눕기 전까지 최선을 다했지. 비틀비틀 힘 없는 다리를 이끌면서도 할아버지가 고삐만 잡으면 벌떡 일어나서 일을 했고, 할아버지와 함께라면 험한 산도, 무거운 나뭇짐도 마다하지 않았던 거야.

그래서 할아버지는 누렁이의 등을 토닥이며 말하곤 했지.

"말 못하는 짐승이라도 나한테는 이 소가 사람보다 낫다."

그런 할아버지와 누렁이에게 드디어 운명의 날이 다가왔어.

누렁이가 큰 눈을 껌벅이며 마지막 숨을 할딱거리기 시작한 거야. 할아버지는 누렁이를 쓰다듬어 주며 나직이 말했어.

"누렁아, 수고했다. 좋은 곳으로 가거라."

할아버지는 손수 누렁이를 양지 바른 곳에 묻어 주었고, 누렁이가 죽고 난 뒤 5년 후에 누렁이 뒤를 따라 하늘나라로 가셨지.

할아버지가 돌아가시자 가족들은 평소 할아버지가 말씀하신 유언을 따랐어. 할아버지의 유언은 단 한 마디였어.

"내가 죽거든 누렁이 옆에 묻어다오!"

소울령테스의 철학특강

돼지갈비, 삼겹살 내가 좋아하는 것들인데……. 내가 그렇게 귀여운 돼지를 먹었다니!

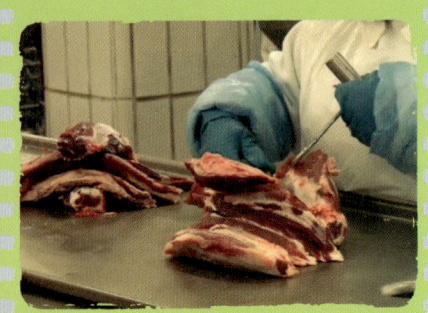

최 씨 할아버지와 누렁이의 이야기는 다큐멘터리 영화 〈워낭소리〉로 만들어진 실제 이야기야.

할아버지가 누렁이를 대하는 모습은 공장식 농장의 주인이 동물을 대하는 모습과는 전혀 달랐지. 반려동물을 키우다가 힘들어지면 쉽게 내다 버리는 사람들과도 달랐어. 무뚝뚝한 할아버지와 무덤덤한 누렁이지만 서로 의지하고 마음을 나누는 모습이 사람들에게 큰 울림을 주었던 거야.

사실 사람은 다른 동물에게 고통을 주지 않고서는 살아갈 수 없는 존재인지도 몰라. 고기를 먹는 것뿐만 아니라 동물의 털과 가죽을 이용하고, 새로 개발된 약의 부작용을 확인하기 위해서 사람 대신 동물을 이용해 여러 가지 실험도 하지. 인간은 아주 먼 옛날부터 동물을 잡아먹으며 살아왔으니까 당연하다고 생각하는 사람들도 있어. 인간이 세상의 주인이라고 여기니까 말이야.

그런데 말이야, 우리 인간의 이익을 위해 동물의 생명을 마음대로 빼앗고 고통을 줘도 되는 걸까?

"동물도 우리처럼 고통과 즐거움을 느낄 수 있는 생명체예요. 그리고 동물한테도 최소한의 생존권이 있다고요. 우리는 그 권리를 인정해 주어야 해요!"

최근에는 이런 주장이 설득력을 얻어가면서 전 세계적으로 많은 변화가 일어나고 있어. 공장식 농장에 대한 비판이 일어났고, 동물의 털이나 가죽으로 만든 제품을 사지 말자는 운동도 벌어졌지.

물론 인간이 고기를 전혀 먹지 않거나, 동물을 이용하지 않고 살기는 어려울 거야. 동물을 대하는 생각도 각자 다를 수 있지. 하지만 최소한 동물을 함부로 대하고 불필요한 고통을 주는 행동은 나쁘다는 점은 생각해 봐야 하지 않을까?

동물도 우리 인간과 똑같이 아픔을 느끼는 생명체라는 것을 인정하는 일! 거기서부터 인간과 동물의 새로운 관계가 생겨나는 것이니까 말이야.

나의 선택은? 동물을 사랑하면서 동물을 먹을 수 있을까?

먹을 수 있다!

우리가 고기를 먹는 건, 동물들이 살기 위해서 다른 동물을 잡아 먹는 것처럼 자연스러운 일이야. 그러니 동물을 사랑하는 마음과 먹는 것은 다른 일이라고 생각해.

동물을 먹을 수 있다.

왜냐하면,

하기 때문이다.

다나와 다나 엄마의 이야기를 들어 보고,
나는 어떻게 생각하는지 적어 보자.

먹을 수 없다!

동물도 우리와 같은 생명체인데 동물을 먹는다는 건 잔인한 일이야. 모든 생명은 소중하기 때문에 인간이 동물의 생명을 빼앗을 권리는 없어.
그러니 동물을 먹어서는 안 된다고 생각해.

동물을 먹을 수 없다.

왜냐하면,

하기 때문이다.

생명 **43**

"한 나라의 위대함과 도덕성은 동물을 대하는 태도로 판단할 수 있다."
― 마하트마 간디 (인도, 지도자)

"식물은 동물을 위해 존재하며 동물은 인간을 위해 존재한다."
― 아리스토텔레스 (고대 그리스, 철학자)

비하인드 스토리

다수와 소수

EBS 스쿨랜드
〈다수를 위해 소수를 희생할 수 있을까?〉

한 명인 내가 희생해야 된다고?

우리 반 찬우는 나더러 친구들을 위해
좋은 자리를 양보하래요.
내 머리가 커서 다른 친구들이 잘 안 보인다나요.
하지만 나도 좋은 자리에 꼭 앉고 싶다고요!

더 많은 친구들을 위해서라면 내가 꼭 양보해야 하는 건가요?

 # 친구들이 자리를 양보하라고 한 날

다섯 명의 생명과 한 명의 생명에 대한 선택

고장난 기관차의 선택은?

구름 한 점 없이 맑은 날이었어. 기다란 철길 위를 기차 한 대가 신나게 달리고 있었지.

칙칙폭폭! 칙칙폭폭!

맑은 날씨 때문일까, 기관사도 신이 나서 싱글벙글 즐겁게 운전대를 잡고 있었어.

"오늘 같은 날은 운전하기 딱 좋은 날이지!"

그런데 웃음 짓던 기관사의 얼굴이 한순간 굳고 말았어.

"세상에! 저게 뭐야?"

저 멀리 선로 위에서 작업을 하고 있는 다섯 사람이 보였던 거야. 이대로 기차가 계속 달린다면 큰 사고가 날 게 뻔했어.

"아이쿠! 큰일 났네. 어서 기차를 세워야겠어."

기관사는 급하게 브레이크를 잡으려 했지. 그런데 이게 웬일이람.

"기차가 멈추지를 않아!"

하필 그 상황에서 브레이크가 고장 나고 만 거야. 게다가 작업에 몰두하고 있던 사람들은 기차가 다가오는 것도 전혀 모르고 있었지.

"어쩌면 좋아!"

발을 동동 구르던 기관사는 창문을 급히 열어젖혔어. 그리고 다급한 목소리로 고함쳤지.

"다들 비키세요, 비켜요! 위험해요!"

하지만 기관사의 목소리는 칙칙폭폭 기차 소리에 묻혀버리고 말았어. 다섯 사람은 기차가 다가오는 것도 모른 채 열심히 선로를 고치는 일에 집중하고 있었지.

"이대로 가면 저 사람들과 기차는 정면으로 부딪치고 말 거야. 어떡해!"

그런데 마침 기관사 눈에 들어온 게 있었어. 왼쪽으로 뻗은 비상 선로!

"그래, 저리로 기차를 돌리면 돼."

기관사는 안도의 한숨을 내쉬었지.

하지만 그것도 잠시였어. 잡고 있던 운전대를 왼쪽으로 돌리려던 순간, 기관사는 비명을 지르고 말았어.

"앗! 저기도 사람이 한 명 있어!"

왼쪽 선로에 또 다른 한 명이 있었던 거야. 비상 선로마저 수리 중이었거든.

기관사는 안절부절 어쩔 줄을 몰랐어. 원래 선로와 비상 선로 사이의 갈림길은 점점 눈앞에 다가오고 있었지.

"만약 내가 기차를 왼쪽으로 돌린다면 비상 선로 위에 있는 한 명은 죽게 될 거야. 하지만 그냥 이대로 간다면 다섯 명이 죽고 말아."

갈림길이 가까워질수록 기관사의 머릿속은 복잡해졌지.

'다섯 명이 죽는 것보다는 한 사람이 죽는 게 낫지 않을까? 아니야! 한 명의 목숨도 똑같이 소중한 거야. 나 때문에 죄가 없는 한 사람의 목숨을 잃게 할 수는 없지. 그렇다고 이대로 그냥 가다가는 다섯 명이 죽게 돼. 아! 어떡하면 좋지?'

다섯 명을 살릴 수 있는 한 청년

장기 이식 수술로 최고의 솜씨를 자랑하는 의사가 있었어. 이 의사에게는 꼭 살리고 싶은 다섯 명의 환자가 있었지.

"이 사람들은 오늘이라도 장기 이식만 받으면 모두 살 수 있어. 그런데 기증자를 찾을 수가 없으니 어쩌면 좋아."

그 환자들은 모두 장기 이식을 기다리는 사람들이었던 거야. 장기 이식은 적절한 시간 안에 수술을 하는 것이 무척 중요하지. 너무 늦어지면 이식받을 기회조차 잃게 되거든.

환자들을 살리고 싶은 마음에 의사는 전국의 병원에 수소문했지만 소용이 없었어.

'어떡해. 하루 빨리 기증자를 찾지 못한다면 결국 이 환자들은 모두 죽고 말 거야.'

그러다 결국 장기 이식이 가능한 마지막 날이 다가오고 말았어.

환자의 가족들은 발을 동동 구르며 애원했지.

"선생님, 우리 남편을 제발 살려주세요."

"우리 아이를 살려주세요. 제발 수술을 좀 해주세요."

하지만 안타깝게도 손쓸 수 있는 방법이 없었어.

'당장 오늘 안에 기증자가 나타나는 기적이 일어나지 않고서는 이 환자들을 살릴 수가 없어. 하지만 그런 기적이 일어날 리 없잖아.'

의사는 초조한 마음에 한숨만 푹푹 내쉬고 있었지.

그런데 이게 웬일이람. 정말 눈앞에 기적이 일어났지 뭐야.

"환자예요! 위급 환자예요!"

한 청년이 병원으로 실려 왔는데, 사고로 뇌 기능이 완전히 마비되어 다시 깨어나기 힘든 상태에 빠져 있었어. 그런데 이 청년의 장기 조직이 다섯 명의 환자와 완전히 일치했던 거야.

다섯 명의 환자를 살리려면 양쪽 폐와 양쪽 신장, 그리고 심장이 필요했어. 하지만 장기를 기증해 주고 싶어도 환자와 장기 조직이 맞지 않으면 소용이 없기 때문에 수술을 할 수 없었지. 조직이 맞는 사람을 찾기란 쉬운 일이 아니거든. 그런데 기적처럼 다섯 명 모두와 일치하는 청년이 나타난 거야.

'세상에! 이 청년이라면 환자 다섯 명을 모두 살릴 수 있어!'

의사는 당장 청년의 가족들을 만나 부탁했어.

"이 환자는 다시 깨어나기 힘든 뇌사 상태입니다. 그러니 장기 이식을 부디 허락해 주세요. 그럼 죽어가는 다섯 명의 환자를 살릴 수가 있습니다."

하지만 가족들은 고개를 저으며 울었어.

"아니에요. 우리 아이는 다시 살아날 거예요. 절대로 이대로 죽지 않아요. 몸이 아직도 이렇게 따뜻한 걸요. 기적이라는 것도 있잖아요. 당장 오늘 밤이라도 기적처럼 눈을 뜨게 될지 어떻게 알아요?"

청년의 가족들도 또 다른 기적을 바라고 있었던 거야. 물론 의사도 가족들의 입장을 이해했어. 마음 같아서는 의사 역시 시간을 두고 청년의 상태를 살펴보며 가족들의 결정을 기다리고 싶었지.

하지만 문제는 다섯 명의 환자에게는 오늘밖에 남은 시간이 없다는 거였어.

그래서 의사는 다시 한번 가족들에게 이야기했어.

"한 사람의 희생으로 다섯 명의 생명을 구할 수 있습니다. 제발 부탁드립니다."

청년의 가족들은 모두 깊은 고민에 빠지게 되었지.

"아무리 뇌사 상태라고 해도 기적이란 게 있잖아. 며칠만 기다려주면 이 아이는 깨어날지도 몰라."

"하지만 정말 깨어날 수 없는 상태라면 다섯 명의 생명을 구하는 데 도움을 주는 게 훨씬 나은 선택이지 않을까? 아, 어떡해야 하지?"

속을령테스의 철학특강

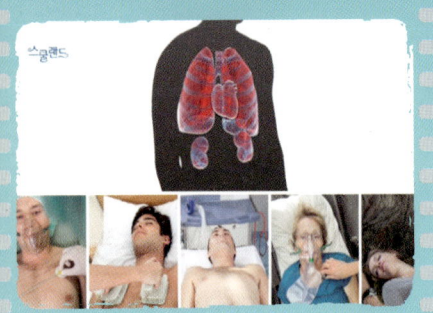

왜 다들 나한테만 양보하라는 거야?

'다섯 명을 살려야 할까, 한 명을 살려야 할까?'

기관사 이야기의 경우, 영국의 BBC 방송국에서 '어느 선로를 선택할 것인지' 사람들에게 물어본 적이 있었어. 그랬더니 77%의 사람들이 기차의 방향을 바꾸어야 한다고 대답했다지 뭐야. 한 명과 다섯 명 중에서 다섯 명의 생명을 살릴 수 있는 쪽을 선택하는 것이 옳다는 거였지.

이런 생각을 철학자들은 '공리주의'라고 불러. 최대한 많은 사람들의 이익과 행복을 늘리는 게 중요하다고 여기는 걸 바로 '공리주의'라고 하지. 그래서 공리주의 철학자들의 주장을 한 마디로 '최대 다수의 최대 행복'이라고 말하기도 해.

친구들 사이에서도 어려운 결정을 할 때는 '다수결로 하자'는 이야기를 많이 하지? 다른 친구들을 위해 다나에게 자리를 바꾸라고 했던 찬우도 바로 공리주의 입장에서 말을 했을 거야. 다나 한 명보다는 여러 명이 편한 쪽을 택하는 것이 옳다고 생각한 거지.

그런데 말이야, 만약 그 한 사람이 바로 내 가족이라면 어떨까?

기관사 이야기에서 왼쪽 비상 선로에 서 있는 한 사람이 우리 가족이라면, 아마 더 많은 사람을 위해 희생하라는 말을 할 수는 없을 거야. 뇌사 상태에 빠진 청년의 경우도 마찬가지지. 그 청년이 우리 가족이라면 장기를 이식해 주겠다는 결정은 쉽지 않을 거야. 조금의 기적이라도 믿고 싶은 게 가족의 마음일 테니까.

그런데도 우리는 여러 사람에게 행복을 가져온다면 소수를 희생해도 괜찮다는 생각을 너무 쉽게 하는 건 아닐까? 고통을 한 사람이 느낀다고 해서 여러 사람의 고통을 합한 것보다 반드시 적다고 할 수는 없는 법이거든.

'다섯 명과 한 명 중 누구를 살려야 하는가'라는 질문은 철학자들도 꽤 오래 고민해 온 문제야. 어떤 쪽에 무게를 두느냐에 따라 사회의 다른 문제들을 해결하는 방법도 달라지게 마련이거든. 그러니 나는 어떤 기준으로 선택을 할지 곰곰이 생각해 보자.

여러 사람을 위해 한 사람이 희생하는 게 옳은 걸까, 옳지 않은 걸까?

옳다!

여럿이 함께 살아가기 위해서는 한 사람의 이익보다는 여러 사람의 이익이 더 중요해. 그러니 여러 사람을 위해 한 사람이 희생하는 건 옳다고 생각해.

여러 사람을 위해 한 사람이 희생하는 건 옳다.

왜냐하면,

하기 때문이다.

다나와 찬우의 의견을 들어 보고,
나는 어떻게 생각하는지 적어 보자.

옳지 않다!

한 사람의 이익이나 생명이 여러 사람의 것보다 덜 소중하다고 할 수는 없어. 모두 똑같이 존중받아야 마땅해. 그러니 여러 사람을 위해 한 사람이 희생하는 건 옳지 않다고 생각해.

여러 사람을 위해 한 사람이 희생하는 건 옳지 않다.

왜냐하면,

하기 때문이다.

"최대 다수의 최대 행복이야말로 모든 법과 도덕의 기초가 되어야 한다."
― 제러미 벤담 (영국, 철학자)

"단 한 사람의 기본권도 소중히 생각해야 한다."
― 존 스튜어트 밀 (영국, 철학자)

비하인드 스토리

유행

EBS 스쿨랜드
〈왜 유행을 따라할까?〉

유행을 따르는 게 어때서?

우리 학교에는 요즘 유행하는 스타일이 있어요.

유행을 따라하지 않으면 왠지 나만 뒤처지는 것 같고,

왕따가 된 기분이 들기도 해요.

그런데 엄마는 나한테 어울리는 것은 따로 있다고

유행을 따를 필요가 없대요.

유행, 따라야 할까요? 말아야 할까요?

유행하는 운동화가 갖고 싶은 날

유행에 관한 두 시대의 이야기

멋쟁이 서진이 따라잡기

오늘도 찬우는 서진이가 부러워. 언제나 그렇듯 여자 아이들이 '서진이 바라기'가 되어 서진이 얘기만 하고 있기 때문이지.

"서진이는 어쩜 저렇게 멋질까?"

"맞아. 오늘은 더 멋져 보이는 거 있지. 서진이가 입고 온 점퍼 좀 봐. 저거 어제 아이돌 가수 드레곤유가 입은 거잖아."

서진이는 찬우네 반 최고 멋쟁이로 불려. 늘 최신 유행하는 스타일의 옷을 입고, 연예인처럼 하고 다니기 때문이지.

오늘 서진이의 패션은 찬우 눈에도 멋져 보였어.

'드레곤유가 입은 점퍼라고? 그럼 가장 유행하는 옷이란 뜻이잖아. 서진이는 어떻게 최신 유행을 저렇게 잘 알까?'

서진이를 바라보는 찬우의 눈길은 부러움으로 가득했지.

'나도 서진이처럼 저 점퍼를 입으면 멋져 보일 텐데……'

서진이의 인기는 남자 아이들 사이에서도 최고야. 서진이가 새 옷을 입고 온 다음 날이면 남자 아이들 대부분이 비슷한 스타일의 옷을 입고 나타날 정도지. 그런 서진이가 찬우는 부러울 수밖에.

'나도 서진이처럼 될 수는 없을까?'

하지만 찬우는 잘 알고 있지. 자기가 반에서 가장 인기 없는 아이 중 한 명이란 걸 말이야. 어쩜 그건 당연한 건지도 몰라. 찬우는 반에서 옷을 가장 못 입는 촌스러운 아이이기도 하거든.

그런데 그건 찬우의 잘못이 아니야. 순전히 패션 감각이 없는 엄마 탓이지. 찬우가 유행하는 옷을 사달라고 하면 엄마는 야단하시거든.

"요즘은 왜들 그렇게 비슷비슷한 디자인만 입고 다니니? 온통 브랜드만 따지고 말이야."

서진이가 입은 것처럼 비싼 점퍼라도 사달라고 하는 날이면 엄마는 도끼눈을 하고 말씀하시지.

"이게 말이 되니? 이 점퍼 하나 값이면 다른 옷 네 벌은 사겠다. 이런 점퍼 좋잖아. 개성 있고 값도 저렴하고!"

엄마가 골라준 옷을 볼 때면 찬우는 매번 한숨이 나왔어.

"아휴! 또 그런 거 입으라고?"

"이게 어때서? 너한테 잘 어울리는 것 같은데."

찬우는 엄마와 쇼핑을 할 때마다 머리가 아프고 짜증이 날 정도야.

엄마가 골라준 옷을 입은 찬우는 오늘도 혼자였어. 새로 유행하는 점퍼를 입고 떠드는 아이들 사이에 끼기가 민망했거든.

반면, 서진이는 언제나 그렇듯 오늘도 친구들에게 둘러싸여 싱글벙글 행복한 미소를 짓고 있었지.

'나도 이젠 서진이처럼 멋진 옷을 입고 싶어. 인기 있는 아이가 되고 싶다고!'

찬우는 결심했어.

'좋아! 나도 내일은 서진이가 입은 신상 점퍼를 입고 올 거야. 저축해 둔 돈을 전부 찾으면 저 정도는 살 수 있을 거야.'

찬우는 새 점퍼를 입은 자신의 모습을 상상했어. 그러자 얼굴 가득 미소가 번졌지.

'나도 내일부터는 최고 멋쟁이가 될 거야!'

영조 임금님의 가체 금지령

조선 시대 영조 임금 때의 일이야. 하루는 나라 안에 왕의 특별한 명령이 전해졌어.

"왕명이요! 오늘부터 여인들의 가체 사용을 금지하오!"

가체 금지령이 내려진 거야.

가체는 요즘의 가발처럼 가짜 머리카락을 덧붙여서 땋은 머리야. 당시 여인들은 풍성하고 윤기나는 머리카락을 미인의 상징으로 여겼어. 그래서 가체를 이용해 머리카락을 한껏 부풀렸지. 그러다 보니 지위가 높은 양반 집안의 여인일수록 크고 장식이 많은 가체를 써서 부유함을 자랑했어.

가체는 왕실이나 양반 집안에서만 유행한 건 아니었어. 서서히 서민층에까지 퍼져나가면서 여인들의 필수 장식품으로 여겨지게 되었거든. 가체에 대한 여인들의 경쟁심은 대단했지.

"난 저 여인보다 더 높은 가체를 만들어 주시오."

"남보다 화려한 장식을 달아 주시오."

나날이 더 높고 화려한 가체가 등장했고, 무거운 가체 때문에 여인들은 목디스크가 걸릴 정도였어. 가체 값도 엄청 비싸서 당시 쌀 한 가마니가 3냥인데, 가체는 60~70냥이나 했어.

그러자 나라 안에서는 여기저기 걱정하는 목소리가 들려오기 시작했지.

"가체가 씀씀이를 지나치게 부추기고 있어요. 가체 하나 값이 쌀 수십 가마니 값이랑 맞먹는다는 게 말이 됩니까?"

"여인들의 허영심을 부추기는 가체를 그냥 두고 볼 순 없어요."

그러던 어느 날, 가체 때문에 큰 사고가 나고 말았어. 어느 부잣집에 열세 살 된 어린 며느리가 있었지. 한창 멋을 부리고 싶었던 며느리는 큰돈을 들여 거대한 가체를 마련한 거야. 워낙 높고 화려한 가체다 보니 무게가 대단했지. 그런데 마침, 시아버지가 방으로 들어오셨지 뭐야.

"아가, 방에 있느냐?"

놀란 며느리는 시아버지를 맞으려고 황급히 일어났는데, 그 순간 비명을 내지르고 말았어.

"으악!"

갑자기 일어서다가 그만 무거운 가체에 눌려 목뼈가 부러진 거야.

가체 때문에 사람까지 죽게 되자 임금인 영조는 단호한 결단을 내려야 했어.

"유행을 쫓다가 목숨까지 잃다니! 이건 안 될 일이로다!"

그 때문에 내려진 명령이 바로 가체 금지령이었지.

"당장 여인들의 가체 사용을 금하노라! 이를 어기는 자는 엄히 다스리겠노라!"

소울렁테스의 철학특강

우리도 어서 가보세!

밴드왜건 효과 (bandwagon effect)
남들이 하는 대로 유행에 따라 상품을 구입하는 현상

반 친구 중에 서너 명 말고는 다 그 옷을 입고 다닌대도

유행에 뒤처진다고 생각하면 정말 속상하다고요!

계절이 바뀌면 사람들은 어떤 옷, 어떤 화장법이 유행할지에 다들 관심을 기울이지. 요즘은 유행하는 스마트폰을 구입하는 일도 최대 관심사 중 하나가 되었어. 그런데 우리는 왜 이렇게 유행에 민감한 걸까?

혹시 '밴드왜건 효과'라는 말을 들어본 적 있니? 밴드왜건은 음악을 연주하는 악대를 태우고 다니는 마차야. 놀이공원에서 카니발을 할 때 맨 앞에서 행렬을 이끄는 마차가 바로 밴드왜건이지.

옛날에는 마을에 밴드왜건이 나타나면 사람들이 그 뒤를 우르르 쫓아갔었대. 밴드왜건에서 신나는 노랫소리가 울려퍼지면 다들 궁금해서 모여들었지.

"무슨 일이기에 사람들이 몰려가지? 우리도 가 보세!"

몇몇이 따라 하기 시작하면 나도 똑같이 해야 한다는 마음이 생기게 마련이거든. 이후부터 남들이 하는 대로 따라 하는 현상을 '밴드왜건 효과'라고 부르게 되었지.

혹시 친구들도 유행을 따라하지 않아 나만 왕따가 된 것 같은 느낌이 든 적이 있니? 찬우가 서진이의 옷차림을 부러워하는 마음이나, 조선시대 여인들이 무리해서 가체를 쓴 것도 같은 마음일 거야. 남들이 하는 걸 따라하면 혼자라는 소외감이 들지 않기 때문이지. 그 때문에 가체처럼 과한 유행이 번져도 잘못되었다고 생각하지 못했던 거야.

그런데 말이야, 옷도 신발도 머리 모양도 모두 친구들 따라하다가 우리의 생활이 온통 유행이라는 이름으로 남들 따라 하기가 되어 버린다면 어떻게 될까? 그러다 생각이나 행동까지도 따라 하게 될 수 있지 않을까? 유행에만 집착한다면 우리는 스스로 선택해야 할 중요한 일들까지 남들처럼 하게 되고 말 거야.

그러니 자신의 개성을 발견하고 스스로 자신감을 갖는 것도 무척 중요한 일이야. 내가 좋아하는 게 어떤 건지, 나한테 맞는 게 뭔지 찾다 보면 유행을 따르는 사람이 아니라 유행을 이끄는 사람이 될 수 있지 않을까?

나의 선택은? 유행을 따르는 게 중요할까?
개성을 살리는 게 중요할까?

유행을 따르는 게 중요하다!
유행을 따르면 친구들과 통하는 것도 더 많아지고, 좋은 추억도 생겨. 그러니 유행을 따르는 것이 중요하다고 생각해.

유행을 따르는 게 중요하다.

왜냐하면,

하기 때문이다.

다나와 다나 엄마의 이야기를 들어 보고,
나는 어떻게 생각하는지 적어 보자.

개성을 살리는 게 중요하다!
유행을 따르다 보면 스스로 선택해야 하는 일들도 남을 따라하게 되잖아. 그러니 자기만의 개성을 살리는 게 더 중요하다고 생각해.

개성을 살리는 게 중요하다.

왜냐하면,

                                    하기 때문이다.

"모든 세대는 지난 유행을 비웃는다. 그러나 새 유행은 종교처럼 따른다."
— 헨리 데이비드 소로 (미국, 시인)

"시대에 뒤떨어진 패션처럼 보기 흉한 것은 없다."
— 스탕달 (프랑스, 작가)

비하인드 스토리

돈과 행복

EBS 스쿨랜드
〈돈으로 행복을 살 수 있을까?〉

돈으로 행복을
살 수 있다고?

돈이 없어서 내가 좋아하는 장난감이나 학용품을
못 살 때는 무척 속상해요.
돈이 많아서 하고 싶은 것을 마음대로 하고, 갖고 싶은 것을
마음껏 산다면 얼마나 행복할까요?
돈으로 더 많은 행복을 살 수 있을까요?

용돈이 부족해서 속상한 날

다나의 일기

용돈이 많으면 얼마나 좋을까?
사고 싶은 것도 마음대로 사고, 정말 행복할 텐데……

소크라테스의 철학 이야기

부자 소녀와 가난한 소년에 관한 두 이야기

32억 원 복권에 당첨된 소녀의 불행

칼리는 영국에 사는 소녀야. 친구들과 수다 떠는 걸 좋아하고, 예쁜 옷 입는 걸 즐기는 평범한 고등학생이지.

그런 칼리에게 어느 날 엄청난 일이 생겼어.

"세상에! 1등이야, 1등!"

재미삼아 산 복권에 1등으로 당첨이 된 거야. 복권의 상금은 무려 190만 파운드, 우리나라 돈으로는 무려 32억 원에 해당하는 큰돈이었어. 그야말로 칼리는 하루아침에 벼락부자가 된 거야.

부자가 된 칼리의 생활은 완전히 달라졌어.

"이제 평생 먹고 살 돈이 생겼는데, 공부는 왜 해?"

칼리는 공부 대신 화려한 파티를 즐겼어. 평소 맘에 들지 않던 외모도 돈이 있으니 척척 고칠 수 있었지.

"눈은 더 크게 하고, 지방을 빼는 수술을 해서 날씬해질 거야!"

칼리는 성형외과를 드나들다가 결국 성형 중독 증상까지 보이게 되었지.

평범한 고등학생이 부자가 되었다는 소문은 온 나라 안에 화제가 되었어. 그 때문에 칼리는 스타 대접도 받게 되었지.

"여러분, 영국 역사상 가장 어린 나이에 복권 부자가 된 소녀, 칼리를 소개합니다!"

칼리는 다양한 텔레비전 프로그램에 등장하며 인기를 모았어. 어린 나이에 많은 돈과 예쁜 외모까지 지닌 소녀에게 사람들은 폭발적인 관심을 보였지.

그렇게 10년이란 세월이 훌쩍 지나버렸어. 그동안 칼리는 사람들의 관심에서 점점 멀어졌고, 칼리의 소식은 더 이상 방송이나 신문에서 만날 수 없었지. 그러자 칼리를 궁금해하는 사람들이 생겨났어.

"10년 전에 복권에 당첨돼 부자가 되었던 소녀는 어떻게 됐을까? 아마도 그 돈을 불려서 엄청난 부자가 되었겠지? 어쩌면 유학을 가서 공부를 아주 열심히 하고 있을지도 몰라. 어쨌든 돈이 많으니 행복하게 잘 살고 있을 거야."

그런데 막상 들려온 칼리의 소식은 사람들이 생각했던 것과는 전혀 달랐어. 칼리는 평범한 가정주부가 되어 있었거든.

게다가 부자도 아니고 전문가가 되지도 않았어. 일주일에 이틀은 마트에서 근무하는 비정규직으로 일을 하고 있지 뭐야.

"제 통장에는 현재 2,000파운드(우리나라 돈으로 약 340만 원)가 있어요."

칼리의 소식에 사람들은 놀랄 수밖에 없었지.

"세상에! 부자 칼리가 어쩌다 저렇게 되었을까?"

칼리는 대답했어.

"10년 전, 제게 생긴 큰돈이 오히려 불행을 가져왔어요."

그 당시 칼리는 갑자기 많은 돈이 생기자 마음대로 쓰면서 흥청망청 지냈어. 그러다 보니 매일 방탕한 생활을 하게 되었고, 술과 마약에 중독이 되고 말았던 거야. 술과 마약은 결국 칼리에게 우울증을 가져왔고, 호화로운 생활을 하며 펑펑 쓰던 돈도 바람처럼 사라졌지.

"그때는 너무 괴로워서 여러 차례 자살까지 생각할 정도였어요."

그리고 인터뷰에서 칼리는 마지막으로 이런 말을 남겼지.

"큰돈은 나에게 행복이 아닌 고독과 상처만 가져다 주었어요. 평범한 가정을 이루고 사는 지금이 오히려 돈이 많았던 예전보다 훨씬 더 행복해요. 지금은 일이 끝나고 나면 공부도 해요. 전 간호사가 되는 게 꿈이거든요!"

50원짜리 진흙 쿠키 소년의 행복

올라는 아이티공화국에 사는 소년이야. 아이티공화국은 세계에서 가장 가난한 나라 중 하나이지.

울라네 집도 가난해. 아픈 할머니와 어머니, 그리고 동생이 둘이나 있지만 돈을 벌 수 있는 사람은 아무도 없거든.

울라의 바람은 한 가지야.

"진흙 쿠키를 마음껏 먹을 수 있을 만큼 돈을 벌면 얼마나 좋을까?"

진흙 쿠키는 쌀이나 밀 같은 곡식 대신 진흙으로 만든 쿠키야. 진흙을 잘게 부순 후 큰 돌과 찌꺼기를 걸러내고, 소금이나 설탕을 조금 넣어 둥글게 모양을 만들어 햇빛에 말린 것이지.

아마도 처음 진흙 쿠키를 본 사람이라면 이렇게 소리칠 거야.

"우웩! 흙으로 만든 쿠키를 어떻게 먹는담?"

하지만 울라네 마을 아이들에게는 없어서 못 먹는 맛있는 간식이야.

배가 고파지면 울라는 늘 어린 두 동생을 데리고 시장에 나가. 맛있는 빵이나 쿠키를 구경하는 것만으로도 기분이 좋아지거든.

오늘은 그래도 주머니 속에 약간의 동전이 있어 다행이었어.

"이걸로 뭘 사야 우리 가족이 배불리 먹을 수 있을까?"

하지만 울라가 가진 돈으로는 살 수 있는 게 좀처럼 보이지 않았어. 곡식 가격은 나날이 올라서 엄두도 낼 수 없었고, 물러버린 채소도 값이 만만치 않았거든. 그나마 살 수 있는 건 진흙 쿠키뿐이었어.

그런데 시커먼 진흙 쿠키 앞에서도 울라는 망설일 수밖에 없었어.

'내가 가진 돈은 100원! 쿠키는 하나에 50원이니까, 이 돈으로는 진흙 쿠키를 두 개밖에 살 수가 없어. 동생들이랑 집에 계신 엄마와 할머니까지 먹으려면 모자라잖아.'

그래도 울라는 주머니를 털어 진흙 쿠키 두 개를 살 수밖에 없었지. 다른 방법이 없었으니까. 울라는 동생들에게 말했어.

"하나는 할머니와 엄마를 드려야 하니까 남은 하나로 우리 셋이 나눠 먹자."

먼저 울라가 쿠키를 조금 베어 물었어. 진흙 쿠키는 입안에 들어가자마자 사르륵 녹아버리고 텁텁한 진흙 맛만 남았지. 그래도 울라에게는 미소가 번지도록 맛있었어. 동생들도 남은 쿠키를 맛있게 나누어 먹었어.

하지만 울라도, 동생들도 배가 부를 리 없었지. 할머니와 엄마를 위한 나머지 쿠키 하나를 수건으로 소중하게 싸며 울라는 중얼거렸어.

'진흙 쿠키를 마음껏 사먹을 수만 있다면 얼마나 행복할까! 하루

500원만 있으면 진흙 쿠키를 실컷 먹을 수 있겠지?'

울라는 결심했어.

'바람만 가진다고 돈이 생기진 않아. 도시로 가서 돈을 벌 거야!'

굳게 마음을 먹은 울라는 가족을 떠나 큰 도시에 갔어. 밤낮으로 일하며 열심히 돈을 벌었지. 그리고 번 돈의 대부분은 가족들에게 보냈어.

'형, 이제 우린 진흙 쿠키를 나눠 먹지 않아도 돼. 형이 보내준 돈이면 쿠키를 실컷 사먹을 수 있거든. 하루에 한 끼는 배부르게 밥도 먹을 수 있어. 이젠 할머니와 엄마도 건강이 많이 좋아졌어.'

동생의 편지를 받을 때면 울라는 비록 몸은 힘들어도 너무 행복해서 얼굴 가득 미소가 번지지.

울라에게는 이제 새로운 꿈도 생겼어.

'돈을 조금 더 모아서 동생들을 학교에 보내줄 거야!'

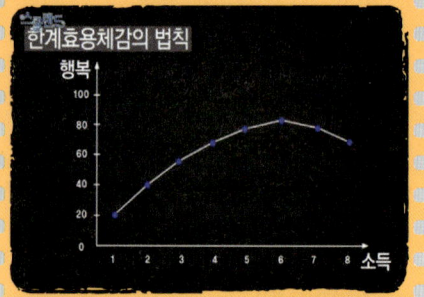

절대 부족하단 말이에요!
살 게 많다구요, 용돈 좀 올려 주세요!

다나처럼 용돈이 부족하다고 매일 아침 부모님께 떼를 쓰는 친구들이 있지?

맞아. 용돈이 아주 많다면 마음에 드는 학용품과 장난감도 마음껏 살 수 있고, 친구들과 맛있는 간식도 실컷 먹을 수 있을 거야. 우리가 무언가를 할 때는 돈이 필요한 경우가 참 많지.

돈이 많다는 건 할 수 있는 일이 많다는 걸 의미하기도 해. 친구들에게 멋진 선물을 하고, 가족들과 좋은 곳에 가서 쉴 수 있는 여유도 돈이 가져다 주는 행복 중 하나지. 그래서 다들 돈을 벌기 위해 바쁘게 움직이며 노력을 하는 거야.

그런데 말이야, 돈이 많으면 많을수록 정말 행

복해지는 걸까? 사람들은 생각하지. 돈은 많으면 많을수록 좋다고, 가진 것이 많을수록 행복하다고. 하지만 반드시 그런 건 아닐 수도 있어. 벼락부자가 된 칼리는 감당할 수 없이 많은 돈이 생기자 오히려 불행해지는 결과를 낳았잖아.

노벨 경제학상을 받은 대니얼 커너먼 교수는 이런 연구 결과를 발표한 적이 있었어.

"돈이 많아질수록 꼭 행복해지는 것은 아니다."

며칠째 아무 것도 먹지 못해 굶주린 사람에게는 빵 한 조각이 정말 소중하지만, 배부른 사람에게 빵 한 조각은 그저 남은 빵 하나가 더 늘어난 것뿐이지 않을까?

돈이 많아지면 많아질수록 더 좋은 집, 더 좋은 차, 더 좋은 물건들을 가지고 싶은 마음 또한 계속 커지지. 그러다 보면 계속 커지는 욕망을 채워줄 돈은 언제나 부족하게 될 거야. 좋은 걸 갖고 나면 항상 더 좋은 걸 또 갖고 싶어지게 마련이거든.

돈으로 살 수 있는 것들은 참 많아. 멋진 신발, 멋진 옷, 멋진 가방 그리고 멋진 외모까지. 하지만 행복을 파는 백화점은 없지. 그럼, 행복은 어디서 구할 수 있을까? 그건 아마 우리 마음에서 찾을 수 있을 거야. 행복은 자기 자신에게 주는 스스로의 선물이니까.

돈으로 행복을 살 수 있을까? 없을까?

살 수 있다!
우리가 하고 싶은 걸 마음껏 하거나 갖고 싶은 걸 살 때는 대부분 돈이 필요한 경우가 많아. 그러니 행복은 돈으로 살 수 있다고 생각해.

행복은 돈으로 살 수 있다.

왜냐하면,

하기 때문이다.

다나와 다나 엄마의 의견을 들어 보고,
나는 어떻게 생각하는지 적어 보자.

살 수 없다!

행복은 돈이나 물건 같은 것으로 채워지는 게 아니야.
돈이 있어도 사랑하는 가족이나 친구가 없다면
불행할 수도 있지.
그러니 행복은 돈으로 살 수 없다고 생각해.

행복은 돈으로 살 수 없다.

왜냐하면,

하기 때문이다.

"행복은 돈으로 살 수 없지만, 가난으로도 살 수 없다."
— 레오 로스텐 (미국, 작가)

"욕심이 적으면 적을수록 인생은 행복하다."
— 레프 톨스토이 (러시아, 작가)

비하인드 스토리

> 동기와 결과
>
>
>
> EBS 스쿨랜드
> 〈의도가 좋은면 다 좋은 일일까?〉

좋은 동기와 좋은 결과, 뭐가 더 중요할까?

학교에서 어항을 닦다 그만 깨뜨리고 말았어요.
결국 선생님께 혼이 나고 말았죠.
물고기를 돌보려던 내 마음은 알아주지 않고,
실수한 결과만 보니까 너무 속상해요.

**좋은 마음으로 한 일은
다 칭찬받아야 하는 거 아닌가요?**

물고기를 돌보려다 어항을 깨트린 날

다나의 일기

선생님이 교실에 예쁜 어항을 갖고 오셨어.
우리에게 물고기를 잘 돌보라고 하셨지.

짜자잔~ 너희들 선물이란다~ 잘 돌봐 줄 거지?

난, 물고기 키우는 게 꿈이었어! 내가 엄마처럼 매일 돌봐줘야지!

그럼, 난 물고기 아빠!

우와~ 진짜 귀엽다.

그런데 찬우가 갑자기 어항에 낙서를 하지 뭐야.

뭐가 귀엽냐? 못난이들이구만!

야! 못난이

무슨 짓이야!

우리 아가들, 엄마가 얼른 닦아줄 게.

네가 물고기 엄마면, 너도 물고기냐? 크크.

찬우 너어~

툭! 흔들~ 흔들~

소울 걸테스의 철학 이야기! 위대한 두 발명의 엇갈린 운명

전쟁 무기가 되어 버린 노벨의 다이너마이트

스웨덴의 어느 작은 마을에 커다란 꿈을 품은 한 청년이 있었어.

"난 꼭 안전한 폭약을 발명하고 말 거야."

청년의 이름은 알프레드 노벨! 훗날 다이너마이트를 발명한 세계적인 발명가였지.

청년 노벨이 이런 꿈을 가진 데에는 그만한 이유가 있었어. 노벨의 아버지는 지뢰와 폭약 등 여러 가지 화약 제품을 만드는 공장을 운영했는데, 어느 날 비극적인 사건이 일어난 거야.

"큰일 났다! 폭약이 터졌다!"

폭약을 만들던 공장에서 큰 폭발 사고가 일어났는데, 하필 그곳에 노벨의 막내 동생이 있었지 뭐야.

"세상에! 내 동생이 죽다니!"

현장을 본 노벨은 큰 충격을 받고 말았어.

사실 이런 폭발은 당시에는 흔한 사고였어. 광산에서 석탄이나 광물을 캐거나 건물을 지을 때 폭약이 많이 쓰였는데, 작은 충격에도 폭약이 쉽게 폭발하는 탓에 사람들이 다치거나 죽는 일이 많았거든. 그 때문에 노벨은 결심을 하게 된 거지.

"폭약 때문에 더 이상 사람들이 다치거나 죽지 않도록 안전한 폭약을 만들 거야!"

그리고 노벨은 마침내 안전한 폭약을 만드는 데 성공했어. 노벨은 자신이 발명한 폭약에 '다이너마이트'라는 이름을 붙였지. 다이너마이트는 사람들 사이에서 '노벨의 안전 화약'이라는 이름으로 판매될 정도였어.

그런데 생각지도 못한 일이 벌어졌어.

"다이너마이트의 강력한 폭발력을 이용하면 적군을 대량으로 죽일 수 있겠어!"

다이너마이트가 전쟁 무기로 이용되기 시작한 거야. 당시 세계는 곳곳에서 전쟁이 벌이지는 일들이 많았거든. 전쟁을 치르고 있는 나라들은 앞다투어 무기를 만들어냈는데, 그중 하나로 다이너마이트가 이용된 거지.

다이너마이트라는 이름만 들어도 사람들은 벌벌 떨었어.

"세상에! 저렇게 무서운 무기가 또 있을까?"

"저건 죽음의 무기야!"

실제로 다이너마이트의 위력은 대단했어. 강력한 폭발음과 함께 '펑!' 터지기 시작하면 주변의 수많은 사람들이 한꺼번에 죽어갔거든.

'안전한 화약'으로 불리던 노벨의 다이너마이트가 '죽음의 무기'로 불리게 된 거야.

이후 노벨에게도 끔찍한 별명이 생겨버렸지.

"저렇게 끔찍한 무기가 생긴 건 순전히 노벨 때문이야. 노벨이 다이너마이트를 만들어서 팔았기 때문에 이런 일이 생긴 거라고! 노벨은 '죽음의 상인'이야."

사실 노벨은 다이너마이트 외에도 355개에 달하는 특허를 취득할 정도로 유능한 과학자였어. 하지만 당시 사람들은 그를 무시무시한 전쟁 무기인 다이너마이트를 만들어낸 '죽음의 상인'으로만 기억하게 됐지.

노벨은 그 때문에 평생 마음의 큰 짐을 갖게 됐어. 수많은 사람을 죽게 만들었다는 죄책감에 시달리며 죽는 날까지 괴로워했지. 안전한 화약을 만들고자 발명한 다이너마이트가 결국엔 수많은 사람들의 목숨을 앗아간 불행한 결과를 낳고 말았으니까 말이야.

인쇄 기술의 혁명을 일으킨 구텐베르크의 금속활자

독일의 한 작은 인쇄소가 시끌시끌 요란해졌어.

"우와! 이건 정말 대단한 발명이야!"

예전과는 전혀 다른 새로운 인쇄 도구가 탄생했거든.

"이건 금속으로 만든 활자야. 이걸 이용하면 지금까지 사용하던 목판인쇄보다 훨씬 빨리 책을 인쇄할 수 있지."

금속활자를 만들어낸 사람은 구텐베르크였어. 그는 자신감에 차서 자신의 발명품을 인쇄소 기술자들에게 자랑했지. 서양에서는 최초로 금속활자가 탄생하는 순간이었어.

사실 15세기 금속활자의 발명은 인류 역사에서 빛나는 엄청난 사건이야.

당시에는 나무판에 글자를 새겨서 찍어내는 목판인쇄만 사용되고 있었거든. 목판인쇄는 한 글자만 잘못되어도 판 전체를 다시 만들어야 하는 터라 책 한 권을 인쇄하려면 엄청나게 많은 시간과 돈이 필요했지.

게다가 그때까지만 해도 대부분의 책들은 사람이 직접 손으로 베껴 쓰는 '필사'의 방법으로 만들어지고 있었어. 그러다 보니 당시에는 책 값이

상상을 초월할 정도로 많이 나가서 보석처럼 비싼 가격에 팔릴 수밖에 없었어. 책 한 권을 갖는 걸 꿈으로 생각하는 사람들이 있을 정도로 말이야.

그런데 구텐베르크의 금속활자는 그 꿈을 이뤄줄 새로운 인쇄술이었어. 금속활자는 시간도 돈도 많이 들었던 목판활자와 전혀 달랐거든.

"이걸 봐. 금속활자는 금속 조각에 하나하나씩 글자를 새긴 거야. 그럼 책을 만들 때마다 필요한 활자만 그때그때 끼워 넣고 인쇄를 하면 되는 거잖아."

"우와! 그럼 시간과 돈을 획기적으로 줄일 수 있겠네? 이 기술이라면 책을 정말 빠르게 만들 수 있겠는걸."

구텐베르크의 금속활자를 본 사람들은 놀라움을 감추지 못했지.

사람들의 반응에 구텐베르크는 당당하게 소리쳤어.

"물론이야! 예전엔 책 한 권을 만들려면 보통 2개월 정도는 걸렸지. 하지만 내가 발명한 금속활자와 인쇄기를 이용하면 일주일에 책 500권은 인쇄할 수 있다고! 정말 대단하지? 이제 난 이 기술로 부자가 될 거야. 하하하!"

구텐베르크는 큰돈을 벌고 싶어 했던 사업가였어. 그래서 오랜 노력

끝에 금속활자를 만들어낸 거지.

구텐베르크는 자신의 발명 기술이 바깥으로 알려지는 것 역시 꺼려했어. 하지만 금속활자 기술은 곧 전 세계로 퍼져나가게 되었지. 구텐베르크의 인쇄소에서 일하던 기술자들이 훗날 여기저기 다른 인쇄소로 옮겨 가게 되면서 그 기술이 점점 알려지게 되었거든.

금속활자 기술은 자꾸만 퍼져서 결국엔 전 세계에 알려지게 되었지. 이렇게 퍼져나간 금속활자는 인류의 인쇄 기술을 눈부시게 발전시켰고, 인쇄술의 발전은 책 값을 떨어뜨리는 데 큰 역할을 하게 되었어.

덕분에 훨씬 많은 사람들이 책을 읽고, 새로운 지식을 접할 수 있었지. 구텐베르크의 금속활자는 인쇄 기술의 혁명이었던 거야. 그 때문에 오늘날 사람들은 구텐베르크를 이렇게 말하곤 해.

"구텐베르크는 지식의 시대를 열게 해준 위대한 발명가다!"

사실 구텐베르크가 금속활자를 맨 처음 발명하게 된 동기는 사업적으로 큰돈을 벌기 위해서였어. 가난한 사람들을 위해서나 지식을 전파하기 위해서라는 거창한 뜻이 있었던 건 아니었지. 그런데 의도치 않게 인류의 인쇄 기술을 혁명적으로 발전시킨 위대한 발명가로 남게 된 거야.

알프레드 노벨 1833~189[6]
스웨덴의 발명가이자 노벨상의 설립자

"저런 살인 무기를 만들다니... 쯧쯧"

요하네스 구텐베르크 1397~1468
독일 출생 활판 인쇄술의 발명가

구텐베르크   노벨

정말 억울해요. 난 진짜 잘해보려고 한 건데 혼만 나고……

다나가 물고기들을 위해 어항을 닦으려 했던 행동은 '좋은 동기'에서 시작한 일이었어. 노벨이 안전한 폭약을 만들려고 다이너마이트를 발명한 것처럼 말이야. 하지만 좋은 동기가 반드시 좋은 결과를 낳은 건 아니었지. 결국 다나가 어항을 깨뜨려서 물고기들을 위험하게 만들고, 노벨의 다이너마이트가 전쟁 무기로 변해버린 것처럼 말이야.

그런데 사람들은 이런 사건이 벌어지면 결과만을 놓고 이야기를 하곤 하지. 그래서 노벨도 '죽음의 상인'이라는 부끄러운 별명까지 얻게 되었던 거야.

그런데 말이야, 정말 동기나 과정은 상관없이 결과만 좋다면 좋은 일이 되는 걸까?

예를 들어, 어떤 친구가 수행평가 점수를 잘 받기 위해서 봉사활동을 다닌다고 생각해 봐. 봉사활동은 정말 좋은 일이지만, 그 동기는 남을 돕겠다는 마음과는 상관없는 것이었어. 그저 점수를 잘 받기 위해서 한 행동이었으니까. 그런데도 과연 봉사를 한 착한 학생이라고 칭찬해 줄 수 있을까?

구텐베르크를 '위대한 발명가'라고 말하는 것에 대해 고개를 갸웃거리는 사람들이 있지. 금속활자를 발명한 것은 물론 대단한 업적이지만 위대한 동기를 갖고 시작한 일은 아니었다는 이유에서야.

반면 많은 사람들에게 비난을 받았던 노벨은 훗날 과학의 발전과 세계 평화를 염원한 사람으로 기억되지.

자신의 발명품이 가져온 결과에 괴로워하던 노벨은 죽음을 앞두자 뜻밖의 결단을 내렸어. 그의 유언장에는 이런 내용이 적혀 있었지.

"내가 죽을 때 남기게 될 재산은 안전한 곳에 투자하여 기금을 만들어 주시오. 그리고 거기서 매년 나오는 이자는 인류에게 가장 이로운 일을 한 사람들에게 상금으로 수여해 주시오."

이것이 바로 훗날 '노벨상'이 된 거야. 노벨상이야 말로 좋은 동기와 뜻을 가졌던 노벨이 일궈낸 진짜 결과물일지도 몰라.

나의 선택은?

어떤 일을 할 때, 동기가 중요할까? 결과가 중요할까?

동기가 중요하다!

이 세상 모든 일을 결과로만 평가한다는 것은 억울한 것 같아. 좋은 동기를 갖고 행동하는 사람은 나중에라도 좋은 행동을 하기 마련이거든. 그러니 좋은 동기가 더 중요하다고 생각해.

동기가 중요하다.

왜냐하면,

하기 때문이다.

다나와 찬우의 의견을 들어 보고,
나는 어떻게 생각하는지 적어 보자.

결과가 중요하다!
아무리 좋은 동기를 갖고 해도 결국 결과가 나쁘면
다른 사람들에게 피해를 줄 수 있잖아.
그러니 좋은 결과가 더 중요하다고 생각해.

결과가 중요하다.

왜냐하면,

하기 때문이다.

"동기가 순수하지 않으면 무엇을 한다 해도 만족스러운 결과를 얻을 수 없다."
— 달라이 라마 (티베트, 티베트 망명 정부의 지도자)

"모로 가도 서울만 가면 된다."
— 한국 속담

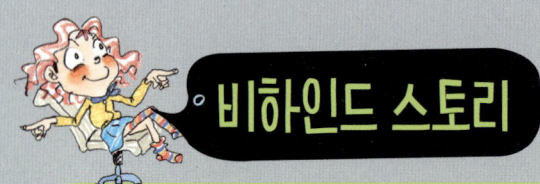
비하인드 스토리

공유와 소유

EBS 스쿨랜드
〈음악이나 기술에도
주인이 있을까?〉

공짜로 음악을 듣는 게 어때서?

음악 파일에도 주인이 있다면서요?

인터넷에서 좋아하는 가수의 노래를 공짜로 다운받았는데 그게 불법이라지 뭐예요.

주인의 권리도 중요하지만 좋은 건

함께 나눠 쓰면 좋은 것 아닌가요?

노래를 공짜로 다운로드 받은 날

탕탕소년단 오빠들의 신곡이 나오기 하루 전.
오빠들의 신곡을 다운로드 받았지.
그것도 공짜로!

소크라테스의 철학이야기
특허를 갖게 된 사람들과 나눈 사람들

새로운 기술을 보호해 주는 베네치아의 특허법

어느 날, 베네치아 공화국의 한 마을이 소란스러워졌어. 오랫동안 새로운 걸 만들기 위해 몰두했던 발명가와 돈 많은 사업가 사이에 싸움이 벌어졌거든. 발명가는 무언가를 움켜쥐고 소리쳤지.

"내 발명품을 훔쳐간 이 도둑놈아!"

그러자 사업가도 발명가의 손에서 그것을 빼앗으며 고함을 쳤어.

"누굴 보고 도둑놈이래? 이건 내 발명품이라고!"

두 사람이 옥신각신 빼앗은 물건은 바로 신발이었어.

이 신발 때문에 싸움이 벌어진 거야. 그런데 그건 한눈에 봐도 평범한 신발은 아니었어. 끈을 꼭꼭 묶어야 하는 지금까지의 신발과는 전혀 다른, 새로운 모양이었거든. 끈이 없이도 신을 수 있는 아주 편리한 신발이었지. 발명가가 오랜 시간 연구해서 새롭게 만든 기가 막힌 디자인이었던 거야.

그런데 그 신발에 대한 아이디어를 알게 된 사업가가 발명가보다 먼저

끈 없는 신발을 만들어버렸지 뭐야. 그래서 다툼이 벌어진 거지.

"발명을 한 건 나라고. 그러니까 이건 내가 만든 신발이야."

"천만에! 생각만 하면 뭐해? 먼저 만드는 사람이 임자지. 그러니까 이 신발은 내가 만든 거라고."

사실 그 당시 베네치아에서는 이런 다툼이 매일 벌어지고 있었어.

지금의 이탈리아 땅에 있던 베네치아 공화국은 15세기 유럽의 문화와 예술, 과학의 중심지였어. 당시 베네치아는 창의적인 실험의 무대가 되었고, 매일 매일 새로운 예술품과 발명품, 과학 기술들이 쏟아져 나오고 있었지.

그런데 새로운 기술이나 발명품이 나오면 늘 다툼이 생겼어. 이 기술의 진짜 주인이 누군인가 하는 소유권 때문이었지.

"그 기술은 지난달에 내가 만든 거야. 그러니 내가 주인이지."

"무슨 소리야! 그건 이미 석 달 전부터 내가 생각했던 거라니까. 내가 주인이야."

게다가 좋은 발명품을 만들어도 돈 많은 사업가들이 그 발명품을 본 딴 제품을 무더기로 만들어 팔아버리는 일이 자주 일어났어. 발명가와 기술자들은 억울할 수밖에 없었지.

"좋은 아이디어를 내면 뭐해. 내가 생각해낸 물건이라도 내 것이 아닌걸."

"맞아! 고생해서 만든 내 발명품을 아무나 마음대로 만들어서 파는 걸 보면 정말 화가 나. 난 고생만 하고, 돈은 그 사람들이 버는 거잖아. 이건 너무 불공평해! 차라리 발명을 하지 않는 게 낫겠어."

그러자 정부는 고민에 빠졌어.

"이런 일이 계속된다면 발명가들이 사라지고 말 거야. 새로운 기술과 아이디어를 지켜줄 방법이 없을까?"

실제로 아이디어를 빼앗길까 봐 걱정이 된 발명가들이 새로운 발명품을 꼭꼭 숨기는 일까지 벌어지고 있었어. 노트에 적은 아이디어가 남의 손에 들어갈까 두려워 암호로 글을 쓰는 발명가도 있었지. 정부의 단호한 결단이 필요했던 거야.

고민 끝에 정부는 1474년, 새로운 법을 발표했어.

'새로운 기술, 창의적인 도구와 발명품들은 이제 국가가 나서서 보호해 준다. 이것을 특허법이라고 한다.'

세상에 처음으로 특허법이란 게 생겨난 거야.

특허법이란 발명가나 기술자들의 권리를 보호하고, 개발에 힘쏟을 수 있도록 한 법률이야. 베네치아의 특허법은 10년간 이 특허권을 보장하고, 특허를 몰래 쓰는 사람에게는 벌금을 부과한다는 내용이었지.

앞으로 정부는 새로운 물건을 발명하거나
장치를 개발한 사람들에게 이에 대한 권리를 줄 것입니다.
기술을 이용하려면 사용료를 그 기술자에게 내야 합니다.
만약 다른 사람이 마음대로 가져다 쓰거나 유출한다면
벌금을 물어야 합니다.

사용료를 내라고?

기술을 가진 사람에게 그 기술에 대한 권리를 주고, 다른 사람이 그 기술을 사용하는 경우 높은 사용료를 내게 한 거지.

특허법의 효과는 대단했어. 발명가들과 기술자들은 특허권이 생기자 자신의 기술을 보호받을 수 있게 되었지. 그러자 그동안 숨겨왔던 신기술과 발명품들을 공개하기 시작했고, 특허 사용료를 받아서 마음 놓고 새로운 발명품을 연구하고 개발할 수 있었어. 그 이후부터 산업과 기술이 크게 발전할 수 있었던 거야.

특허를 거부한 100원짜리 소아마비 백신

20세기에 들어와서 전 세계를 공포에 떨게 한 질병이 있었어. 바로 소아마비라는 병이었지.

"소아마비에 걸리면 근육이 뻣뻣해지면서 팔과 다리가 마비돼 버린대."

"자칫하면 평생 휠체어를 타고 다녀야 하는 거라고. 아휴! 무서워!"

치료약조차 없던 터라 소아마비는 공포의 대상일 수밖에 없었어.

그런데 어느 날 뉴스를 통해 기쁜 소식이 전해졌어.

"조너스 소크 박사가 소아마비를 막을 수 있는 백신 개발에 성공했다고 합니다!"

미국의 의학 연구자이자 바이러스학자인 조너스 소크 박사가 소아마비를 예방하는 백신을 개발한 거야. 전 세계 사람들이 소아마비의 공포에서 벗어날 수 있게 된 거지.

그런데 문제는 소아마비 백신 주사의 가격이었어. 보통 누군가 백신을 발명하게 되면, 그 기술을 대형 제약회사들이 사 가거든. 그럼 그 백신 주사는 해당 제약회사에서만 팔게 되고, 제약회사는 큰 이익을 남기려고 가격을 비싸게 정하지.

"백신이 나오면 뭐해. 어차피 비싸서 주사를 맞기도 어려울걸."

가난한 사람들은 지레 희망을 포기할 정도였어.

그런데 놀라운 일이 벌어졌지 뭐야.

"세상에나! 소크 박사의 소아마비 백신 가격이 단돈 100원이래."

엄청나게 비쌀 거라고 생각했던 백신 가격이 100원이라니! 어떻게 그런 일이 가능했을까?

그건 소크 박사가 내린 대단한 결정 때문이었어.

당시 제약회사들은 너도나도 소아마비 백신의 특허권을 사려고 했어. 그래서 백신의 가격은 우리나라 돈으로 무려 8조원(약 70억 달러)에 이를 정도였지. 하지만 소크 박사는 단호하게 거절을 했어.

"내가 백신을 만든 이유는 소아마비로 고통받는 아이들을 구하기 위해서였소. 그런데 백신 가격이 비싸지면 가난한 아이들은 여전히 그 고통에서 벗어나지 못할 거요. 그래서 난 백신의 특허 신청을 거부하기로 했다오."

특허 신청을 거부한다는 건, 누구나 소아마비 백신 주사를 만들 수 있다는 의미야. 그러니 백신의 가격은 엄청나게 싸질 수밖에 없었던 거지.

당시 미국의 한 텔레비전 프로그램 진행자는 소크 박사에게 이런 질문을 했어.

"이 백신의 특허권자는 누구입니까?"

그러자 소크 박사는 담담하게 대답했어.

"글쎄요, 사람들이죠."

"당신이 개발했는데, 당신에게 특허권이 있는 게 아닌가요?"

"특허랄 게 없어요. 그럼, 태양에도 특허를 낼 건가요?"

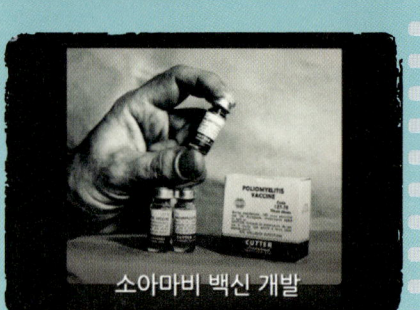
소아마비 백신 개발

에이즈 치료약
한 달에 약 30~80만 원

WWW

"인류의 행복을 위해서 모든 기술을 무료로 공개합니다."

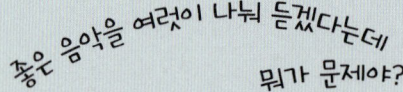

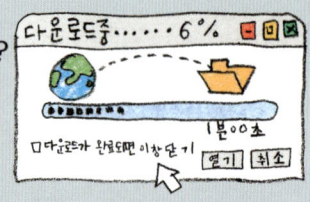

기술이나 발명품에 대한 특허법은 왜 필요한 걸까?

그 이유는 기술이나 발명품도 개인의 소중한 재산이기 때문이야. 돈이나 부동산 같은 것들은 당연히 그것을 가진 사람의 재산이라고 생각하지? 마찬가지로 기술이나 발명품도 만든 사람의 소중한 재산이야. 그래서 사람들의 기술이나 아이디어, 예술적인 재능으로 만든 것들을 '지식 재산'이라고 하지.

그런데 만약 지식 재산이 보호받지 못하면 어떻게 될까? 예를 들어, 어떤 기업이 수년간 연구해서 중요한 기술을 개발했는데 그걸 누군가 빼돌려서 먼저 사용했다고 생각해 봐. 그 기업은 결국 연구

비만 빚으로 떠안고 말거야. 이런 일이 반복된다면 새로운 기술을 연구하려는 노력조차 없어지고 말겠지. 그래서 나라에서는 기술을 가진 사람에게는 특허권, 글과 음악 같은 문학·예술 창작물에 대한 권리는 저작권으로 보호하고 있어.

그런데 말이야, 때로는 이런 법과 권리가 곤란한 상황을 만들기도 해.

에이즈를 치료하는 데 드는 약값은 한 달에 약 30만 원에서 80만 원. 아주 비싼 값에 판매되고 있지. 이 약이 특허로 보호받고 있기 때문이야. 그래서 아프리카에서는 비싼 약값 때문에 치료약이 있는데도 죽어가는 사람들이 아주 많아. 만약 에이즈 치료약의 특허가 누구에게나 공유된다면 어떻게 될까? 당연히 약값은 싸질 테고, 에이즈로 죽어가는 사람은 줄어들 거야.

반대로 우리들이 거의 매일 이용하는 인터넷은 소아마비 백신처럼 특허가 공유돼는 발명품 중의 하나야. 월드와이드웹(www) 시스템을 개발한 영국의 팀 버너스리 박사가 그 기술을 나누기로 결정했기 때문이지.

덕분에 전 세계는 인터넷망으로 연결될 수 있었어.

지식 재산은 반드시 보호받아야 하지만, 때로는 기쁘게 포기하는 용기가 필요할 수도 있지 않을까. 특히 그것이 인류 모두의 행복과 발전에 큰 영향을 미치게 된다면 말이야.

나의 선택은? 지식 재산, 주인의 권리가 우선일까?
함께 나눠 쓰는 것이 우선일까?

주인의 권리가 우선이야!

많은 시간과 노력을 들인 주인의 권리는 반드시 인정해 주고 보호받아야 해. 그래야 더 좋은 발명품과 창작물이 나올 수 있어. 그러니 지식 재산은 반드시 보호받아야 한다고 생각해.

주인의 권리가 우선이다.

왜냐하면,

하기 때문이다.

다나와 찬우의 의견을 들어 보고,
나는 어떻게 생각하는지 적어 보자.

함께 나눠 쓰는 게 우선이야!

만든 사람의 권리는 인정하지만, 많은 사람들을 위해 공개하고 함께 쓴다면 개인은 물론 이 세상은 더 발전할 수 있어. 그러니 지식 재산은 함께 나눠 쓰는 것이 더 중요하다고 생각해.

함께 나눠 쓰는 것이 우선이다.

왜냐하면,

하기 때문이다.

"특허 제도는 천재라는 불꽃에 이익이라는 기름을 붓는 것이다."
– 에이브러햄 링컨 (미국, 제16대 대통령)

"소아마비 백신의 특허권자는 사람들입니다. 태양에도 특허를 낼 건가요?"
– 조너스 소크 (미국, 의사)

비하인드 스토리

> 환경과 개발
>
>
>
> EBS 스쿨랜드
> 〈가장 빠른 길은 직선일까?〉

돌아가는 게 더 빠를 수 있다고?

아이스크림 가게로 가는 가장 빠른 길을
찾다가 잔디밭을 가로질러 갔어요.
그런데 그만 꽃이랑 새싹들을 밟고 말았지 뭐예요.
찬우는 나더러 돌아가는 길이 빠른 길일 수도 있다는 거예요.

구불구불 돌아가는 길이 더 빠를 수 있다고요?

# 빨리 가기 위해 잔디밭을 가로질러 간 날

소크라테스의 철학 이야기! 환경을 둘러싼 두 가지 시선

멀리 돌아가는 고속도로의 비밀

미국의 오클라호마주에 새로 생긴 고속도로 위로 자동차 한 대가 쌩쌩 달리고 있었어. 운전자는 무척 만족스런 표정으로 중얼거렸지.

"히야! 도로가 쭉 뻗어 있어서 운전하기가 아주 좋군. 이대로 달리면 약속한 시간에 충분히 도착할 수 있겠어."

그런데 잠시 뒤, 운전자의 눈이 휘둥그레졌지. 눈앞에 난데없는 모양의 도로가 나타난 거야. 쭉 뻗어 있는 고속도로 중간에 100미터쯤 빙 돌아가야 하는 굽은 길이 보인 거지. 운전자는 당황할 수밖에 없었어.

"왜 도로가 이 모양이야? 직선으로 달리면 빠른 길을 왜 필요 없이 돌아가게 만든 거지?"

운전자는 짜증이 났지. 이렇게 돌아가면 시간이 더 걸릴 게 뻔했으니까.

돌아가는 도로 앞에서 당황하는 건 이 운전자만이 아니었어. 처음 이 고속도로를 지나는 운전자들은 누구나 불만을 터트렸지.

"빨리 가려고 고속도로를 이용한 건데 오히려 더 늦게 도착하게 생겼네."

"왜 이렇게 불편한 길을 만든 거야?"

그런데 도로 주변을 조금만 세심하게 살핀 운전자라면 이내 그 이유를 알아차릴 수 있었어.

"아하! 새싹들 때문이었어!"

돌아가는 도로 옆으로 파릇파릇 돋아난 새싹이 보였던 거야.

그 새싹을 처음 본 건 고속도로 공사가 한창일 때 그곳에서 일하던 사람들이었어.

"여보게들, 이리 와 보게. 여기 아스팔트를 뚫고 작은 새싹이 올라왔어."

"에이, 설마 그럴 리가. 그 단단한 것을 어떻게 뚫어?"

"정말 새싹이 보이는 걸. 우와! 대단한 새싹이야!"

단단한 아스팔트를 뚫고 올라온 새싹을 본 사람들은 놀라움을 감출 수가 없었지.

"생명은 정말 대단해!"

"여기가 원래는 숲이었잖아. 아스팔트 때문에 숲의 나무와 풀들이 모두 죽었을 거라고 생각했는데, 사실은 그 아래서도 생명은 살아 있었던 거야."

원래 그곳은 나무와 동물들의 터전이었어. 공사로 인해 땅은 모두 파헤쳐졌는데도 생명은 끈질기게 살아남아서 단단한 아스팔트를 뚫고 나오는 중이었던 거야. 새싹들이 마치 이렇게 소리치는 것 같았지.

"여긴 우리의 땅이에요. 우린 아직 살아 있어요. 제발 우리를 살려주세요!"

결국 새싹은 사람들의 마음을 움직이게 했어.

"편리한 도로를 만들겠다는 욕심 때문에 우리가 많은 생명을 죽였어요."

"새싹들을 보니 정말 미안한 마음이 들어요."

이런 반성은 새로운 모양의 도로를 만들어내게 되었어.

"이 주변은 새싹들이 살 수 있도록 보호해 주자고요. 대신 돌아가는 도로를 만들면 되잖아요."

물론 돌아가는 길은 그만큼 시간도 걸리고, 불편한 일이었어. 그래도 사람들은 기꺼운 마음으로 찬성했고, 투덜거리던 운전자들도 사연을 알고 난 뒤에는 모두 고개를 끄덕이게 되었지.

환경과 개발 **129**

"그래! 거리상으로는 멀리 돌아가는 길일지 몰라도 이 길은 우리가 살아가는 데는 가장 안전하고 빠른 길일지도 몰라."

신의 선물, 아마존을 둘러싼 논쟁

'무한한 자원을 가진 보물창고'이자, '신의 선물'로 불리는 곳이 있어. 바로 세계 최고의 산림지역인 아마존이 그 주인공이야.

700만 킬로미터에 달하는 울창한 숲의 아마존은 지구의 공기를 깨끗하게 정화시켜 주는 역할을 하기 때문에 '지구의 허파'로 불리고 있지. 전 세계 산림에서 나오는 산소량의 4분의 1에 달하는 산소를 이 아마존 지역에서 내보내고 있거든. 아마존 산림은 브라질과 볼리비아, 콜롬비아, 에콰도르, 페루, 수리남, 베네수엘라, 가이아나, 프랑스령 기아나 등 9개국에 걸쳐 있어. 그중에서도 브라질은 아마존 지역이 가장 많이 포함돼 있는 나라야. 세계에서 가장 큰 우림지역과 세계에서 가장 큰 늪지대인 판타나우 지역이 바로 브라질에 있거든.

그 때문에 브라질 사람들의 자부심도 대단했어.

"세계에서 가장 많은 동물과 식물들이 있는 나라가 바로 우리 브라질

이라고!"

"우리 브라질은 그 자체가 생태계의 보물 창고지."

그런데 문제가 생겼어. 브라질의 산업개발이 빨라지면서 아마존 지역의 환경이 파괴되기 시작했거든.

브라질 정부는 이렇게 주장했어.

"우리 브라질이 부유해지려면 국토를 개발하고, 천연자원들을 이용해야 합니다. 그 힘으로 경제 발전을 이룩해야 부강해질 수 있어요."

하지만 개발 사업이 진행되면서 아마존의 환경은 심각하게 파괴되기 시작했어.

아마존 개발이 시작되면서 우리나라 면적의 3배가 넘는 거대한 숲이 훼손될 정도였지. 2015년 8월부터 2016년 7월까지 1년간 서울의 약 13배(약 7,989제곱킬로미터)에 달하는 아마존 숲이 파괴되었다는 보고도 있어. 그러자 국제 사회와 환경단체 사람들은 걱정스러운 목소리로 말했지.

"이건 한 시간에 축구장 128개 크기의 숲이 사라진거나 마찬가지예요. 방목하며 키우는 소와 가축들 때문에 강도 오염되고 있고요. 브라질의 무분별한 개발 정책을 막아야 해요."

사람들은 그제서야 조금씩 깨닫기 시작했어. 무분별한 개발이 사람들에게 편리함을 가져다 주는 게 아니라 오히려 더 큰 피해로 돌아올 수 있다는 걸 말이야.

아마존 산림에서 파괴된 꽃과 나무들, 그리고 동물들을 다시 키워내려면 얼마나 긴 시간이 필요할까?

한번 훼손한 자연환경을 되돌리려면 수백 년의 시간과 노력이 필요할 거야.

그러니 어떤 생명도 훼손하지 않으면서 가는 길이 결국은 가장 빠른 길, 우리 모두를 위한 진짜 최단거리일지도 모르지.

아메리카 대륙의 인디언 부족인 크리족의 추장은 사람들에게 이런 말을 남겼다고 해.

"지구상에 남은 마지막 한 그루의 나무가 베어지고, 마지막 강물이 오염되고, 최후까지 살아남은 마지막 물고기 한 마리가 그물에 걸리는 날이 온다면, 우리는 그때야 비로소 돈을 먹고 살 수는 없다는 사실을 깨닫게 될 것이다."

"빨리빨리, 좀 더 빨리빨리"

이런 말을 습관적으로 내뱉는 친구들이 있지?

빠르면 빠를수록 좋고, 느리면 느릴수록 싫다. 이런 증세를 두고 '빨리빨리병'이라고도 하지.

물론 빠르면 빠를수록 좋은 일들이 있어. 불이 난 화재 현장에는 소방차가 빨리 나타날수록 좋지. 그리고 우리가 컴퓨터를 하면서 필요한 자료를 다운받을 때도 빨리 다운로드될수록 더 좋겠지.

그런데 말이야, 무조건 빠르다고 다 좋은 것일까? 병아리가 닭이 될 때 빠르게 될수록 더 건강한 닭이 될까? 또 식당에서 음식을 주문하고 그 음식이 빨리 나오면 더 맛있는 음식이 될까?

빠를수록 좋은 일도 있지만 세상에는 그렇지 않은 일도 많거든.

가끔 길에서 죽은 동물들을 본 적 있지?

길에서뿐만 아니라 하늘에서도 비행기에 치여 죽는 새들이 생각보다 많아. 자동차나 기차, 비행기처럼 인간을 위해 만든 교통수단은 동물들을 위해 가고 있던 길을 갑자기 바꾸기가 쉽지 않으니까 말이야. 우리가 빨리 가기 위해 만든 자동차나 비행기 때문에 동물들은 이렇게 목숨을 잃기도 하지.

단지 조금 더 빨리 가기 위해 소중한 생명들이 죽고, 다치게 된다면 너무 큰 대가를 치르는 게 아닐까? 그래서 때로는 돌아가는 길을 선택해야 할 때가 있어.

다니가 가장 빠른 길이라고 여겼던 잔디밭의 지름길도 그 안에서 자라고 있는 새싹들, 꽃들이 싹을 틔운 시간을 생각한다면 빠른 길만은 아닐 수도 있지 않을까? 그 새싹이 밟혀서 더 이상 자라지 못한다면 우리는 또 그만큼의 시간을 기다려야 할 테니 말이야.

우리가 무턱대고 빠른 것만을 찾다 보면 가장 중요한 것은 무엇이고, 덜 중요한 것은 무엇인지를 놓치게 될 수도 있어. 그러니 평소에 정말 중요한 것이 무엇이고, 진정한 목적이 무엇인지 질문을 던져보는 습관을 가져 보면 어떨까?

나의 선택은? 잔디밭을 가로질러 가는 게 빠른 걸까?
돌아서 가는 게 빠른 걸까?

가로질러 가는 게 빠르다!
우리가 빠르고 편리하게 다닐 수 있는 길을 생각한다면 직선으로 가는 게 가장 빠른 방법이야. 그러니 잔디밭을 가로질러 가는 게 훨씬 빨라.

가로질러 가는 게 빠르다!
왜냐하면,

하기 때문이다.

다나와 찬우의 의견을 들어 보고,
나는 어떻게 생각하는지 적어 보자.

돌아서 가는 게 빠르다!

잔디밭을 가로질러 가면 잔디와 새싹, 꽃들을 다 밟게 되잖아. 한번 훼손한 자연을 되살리려면 더 많은 시간이 걸릴 거야. 그러니 돌아가는 길이 더 빠르다고 생각해.

돌아서 가는 게 빠르다!

왜냐하면,

하기 때문이다.

"지구상의 생물들 중 어느 한 종을 잃는다는 것은
비행기 날개에 달린 나사못을 빼는 것과 같다."
– 폴 에를리히 (미국, 생태과학자)

"우림을 파괴하는 것은 나무만 죽이는 것이 아니다."
– 브라질 환경 캠페인 중

비하인드 스토리